Hayykitap - 611
Edebiyat - 102

Mutlu Olmak İstiyorum
Zeus Kabadayı

Hayykitap Edebiyat Yayın Yönetmeni: Caner Yaman

Kapak Tasarımı: Murat Akyol
Sayfa Tasarımı: Turgut Kasay

ISBN: 978-605-7674-16-6

1. Baskı: İstanbul, Ekim 2019
4. Baskı: İstanbul, Ocak 2024

Baskı: Yıkılmazlar Basım Yay.
Prom. ve Kağıt San. Tic. Ltd. Sti.
15 Temmuz Mah. Gülbahar Cad. No: 62/B
Güneşli - İstanbul
Sertifika No: 45464
Tel: 0212 630 64 73

Hayykitap
Anadolu Hisarı Mah. Sine Sk. No: 45/1
Beykoz 34810 İstanbul
Tel: 0212 352 00 50 Faks: 0212 352 00 51

info@hayykitap.com
www.hayykitap.com
facebook.com/hayykitap
twitter.com/hayykitap
instagram.com/hayykitap
Sertifika No: 12408

Mutlu Olmak İstiyorum

Zeus Kabadayı

Zeus Kabadayı

1990 İstanbul Üsküdar doğumludur. "Hayalim", "Karanfil" ve "Haykırış" isimli üç müzik albümü çıkardı. Youtube'da senaristliğini ve yönetmenliğini üstlendiği Yarabandı isimli dizinin aynı zamanda oyuncu kadrosunda da yer aldı.

Hayykitap'tan yayımlanan kitapları:
Mutlu Olmak İstiyorum, Ekim 2019
Sevseydi Gitmezdi, Mayıs 2018
Beni Neden Sevmedin?, Ekim 2017

Tanışma

"Sen bana gelmedin, ben kendime geldim."

O sabah her şey çok farklıydı...

Mesela uyanmıştım ve her zaman sağ tarafından kalkan adam, bu defa sol tarafından kalkıp güne başlamıştı...

Gözlerimi ovalayıp ayağa doğru yavaşça dikildim. Sol tarafımdaki pencereden odamın içine süzülen güneşin o sarışın hali, bana bir şeyler anlatmaya çalışıyordu lakin ben inatla anlamıyordum...

Sonra gözüm yerdeki halının üstünde devrilmiş olarak duran rakı kadehine takıldı. Onu elime alıp ' Ya sen buraya nasıl geldin? Az kalsın üstüne basacaktım!' diyerek yerden kaldırdım.

Kadehi yatağımın tam karşısında duran masanın üzerine terk edip mutfağa doğru yönelirken, kalbime kocaman bir ağrı saplandı.

O an öleceğimi sandım!

Birkaç dakika boyunca derin derin nefes alıp verdim ama ağrım bir türlü geçmek bilmiyordu. Ardından gözlerimi kapatıp 'Allah'ım ne olur geçsin artık.' diyerek duvara yaslandım. Elimi kalbime götürdüm, kalbim yerinden çıkacak gibiydi.

Tam bitti bu iş derken, yüreğime saplanan bu ağrı durdu...

Çok şaşırmıştım...

Hemen sonra koridorun o soğuk mermerleri üzerine sırt üstü uzandım. Tabi o sırada ilk aklıma gelen şey 'Doktora mı gitsem acaba?' olsa da, doktor korkum olmasından sebep hemen kafamdan çıkardım bu düşünceyi...

Yattığım yerde biraz dinlenmemin ardından, hiçbir şey olmamış gibi mutfağa gidip iki şekerli bir kahve yaptım ve odama geri geldim. Yatağıma oturdum. Derin bir nefes çektim. Kırmızı renkli içi kahve dolu bardağımdan bir yudum alıp dışarı baktım.

O an başımı sağ tarafa doğru çevirip 'Kahvaltı hazır mı hayatım?' demeyi çok isterdim lakin...

Hayatımda kimse olmadığı için, ne bir kahvaltı vardı ne de bir hayatım...

Kahvemden birkaç yudum aldıktan sonra bir sigara yaktım. Bugün her zamankinden farklı olmalıydı, emindim! Farklıydı çünkü içtiğim sigaranın bile bir tadı yoktu ve sigaramdan iki duman alıp, onu hemen gözümü kırpmadan kül tablasında öldürdüm...

Kaç yetimin hakkı vardı bilmiyorum ama ben onları bugünlük reddetmiştim. Ardından telefonum çaldı ve arayan Caner'di. İlk önce açmak istemedim ve baktım ki telefon avazı çıktığı kadar bağırmakta ısrar ediyor, sonunda açtım:

- Alo?

+ Günaydın kardeşim.

- Günaydın abi.

+ Bugün idmana gelecek misin?

- Bilmiyorum abi, gelirim herhalde.

+ Bugün mutlaka gel, güneşin güzelliğine baksana oğlum!

+ Gördüm abi gördüm neyse tamam gelirim.

Kısa süre daha 'nasılsın' dan hallice konuştuk ve kapattım telefonu. İçimden hiç gitmek gelmiyordu ama bir kere gideceğimi söylemiştim. Bu sebepten mecbur gidecektim.

Penceremden dışarı doğru bakarken, ipte asılı olan ıslak tişörtlerimin kurumuş olduğunu fark ettim. Ardından kalkıp hemen balkona gittim ve hepsini toplayıp güzelce katladıktan sonra dolabıma yerleştirdim. O sırada aklıma sabah yapmış olduğum kahvem gelmişti. Odada şöyle biraz etrafıma bakındığım sırada bardağımı camın önünde beni beklerken buldum. Onu aldım ve dolabımın başına geri döndüm. Yerde duran siyah çantamın içine iki adet siyah tişört ile bir tane şort koydum. Bu kadarı benim için yeterliydi. Çünkü hayatımda olduğu gibi üzerimde de fazla yük yapan şeyleri sevmiyordum.

Sokağa çıktığımda Caner'e gerçekten de hak verdim.

Evet hava çok güzeldi ama ben değildim...

Motoruma binecekken bir baktım ki, kaskımı evde unutmuşum. Bir an durdum ve sonra epey üşendim onu almaya. Motora arkamı dönüp 'Sahilde yürürüm nasılsa.' diyerek yavaş yavaş yürümeye başladım. Bir süre kafamı kaldırmadan ve kimseye selam vermeden yürüdükten sonra, sahilin tüm güzelliğine beni ulaştıracak alt geçide gelmiştim. Tam geçecekken küçük bir dilenci çocuk 'Abi, yok mu be hiç bozuk paran?' diyerek yanıma koştu. Yüzündeki o sadece çocuklara has masumiyete dayanamayıp "Gel lan buraya eşek sıpası." diyerek, başını okşayıp yanıma çektim. Cebimde ne kadar bozuk para varsa hepsini ona verdim ve ardından yürümeye devam ettim.

Sahilin kokusu o kadar güzeldi ki, daha alt geçitten geçerken gelmişti burnuma. Karşıya geçmiştim ve ardından sahilde yürümeye başladım. Az sonra yanımdan kulaklığını takmış bir kız koşarak geçip gitti. Kendi kendime "Ulan ne de güzel kızmış." dedim ve ardından ben de ona özenmiş olacaktım ki, kulaklığımı takıp yürümeye devam ettim.

Kız ise gözden kaybolmuştu bile...

Ağır tempoda yürüyüşümün üzerinden 20 dakika geçmişti ki, yorulduğumu fark edip durdum. O sırada az ilerideki kalabalığı gördüm ve içimi kaplayan bir tedirginlikle "Ne bu kalabalık?" diyerek hemen oraya koştum. Kalabalığı yara yara geçtim. Gördüğüm manzara, adeta içimde soğuk bir yel esmesine sebep olmuştu. Az önce yanımdan geçen o kız, gözleri kapalı bir şekilde yerde yatıyordu.

Etrafında toplanan kalabalığa "Ne oldu? " diye sorduğumda aralarından bir genç başını bana doğru kaldırıp, "Az önce tinerci çocuklar saldırdı. Abla da korkup bir anda bayıldı." dedi. Kızın başına doğru eğilip "Islak mendili olan yok mu?" diye bağırdım. Kızın başını yerden kaldırıp dizimin üstüne koydum. Yeniden ıslak mendil için kalabalığa seslendim. Aralarından yaşlı bir teyze çantasından ıslak mendil çıkartıp bana verdi. Ben de kızın yüzünü yavaş yavaş silmeye başladım. Ellerim titriyordu ve bu ufak detay bende kısa süreli bir garipseme yarattı.

Bugün bir şey olacağı belliydi ve piyango da bana vurmuştu...

"Hanım efendi iyi misiniz? Beni duyabiliyor musunuz?" diye sorduktan sonra göz kapakları yavaş yavaş aralanmaya başladı. Kendine gelmişti...

- Neredeyim ben? Ne oldu bana?

+ Sakin olun hanımefendi, kısa bir süre bayıldınız. Sanırım çocuklar saldırmış size...

- Ah! Evet çocuklar...

Ayağa kalkmaya çalıştı, lakin kalkamadı. Yeniden dizimin üzerine koydu başını. O öylece yatıyordu ve ben gözlerimi onun gözlerinden alamıyordum.

- Kalkmama yardımcı olur musunuz?

+ Elbette, seve seve.

Kısa bir süre sendelese de omuzlarımdan güç alarak ayağa kalktı. O üstündeki tozları silkelerken, ben de toplanan kalabalığı "Tamam yok bir şey, ben ilgilenirim." diyerek dağıttım. Birkaç metre uzağımızdaki banka giderek oturmasına yardım ettim. Aceleyle çantamı karıştırdım ve dünkü idmanımdan kalan su şişesini gördüm.

"Su içer misiniz? Belki iyi gelir. Ama daha önce ben içmiştim, tabi iğrenmezseniz." derken sözlerimi kesti ve suyu almak için elini uzatarak "önemli değil" dedi. Suyu içmesinin ardından artık daha da iyi görünüyordu.

- Çok teşekkür ederim. Gerçekten çok düşüncelisiniz. Size borcumu nasıl ödeyebilirim?

+ Ne demek, ne borcu? Benim yerime kim olsa aynısını yapardı. Bu insanlık görevimiz dedim ve el sıkıştık. Tıpkı Türk filmlerindeki gibiydi. Gülümsedik ikimiz de öylece biraz. "Müsaadenle ben artık gideyim. Her şey için tekrar teşekkür ederim." dedikten sonra yavaşça ayağa kalktı. Ben ise tekrar elimi uzattım. '

- Bu arada adım Sercan.

+ Demek adınız Sercan... diyerek tekrardan elimi sıktı fakat ismini söylemedi.

- Peki, sizin isminiz nedir? dedim. Gözlerimin içine uzun uzun baktı ve gülümseyerek;

+ Benim adım ECE... dedi.

- Memnun oldum Ece Hanım...

Elini o an hiç bırakmak istemedim.

Sanki güzel bir rüyanın içindeydim.

Uyanmak istemiyor, sonsuza kadar o rüyanın içinde kalmak istiyordum. Ve ben eğer uyanırsam bir daha o güzel ana sahip olamamaktan korkuyordum.

Ama gerçek kendini göstermekte gecikmedi. Ellerimiz ayrıldı. Ardından Ece ağır adımlarla uzaklaşmaya başladı. Ve artık gözden kaybolmuştu...

Bugün farklıydı...
Güneşin penceremdeki o sarışın hali,
sol tarafımdan uyanmam ve kalbimin sıkışması...
Dünya bana bir mesaj veriyordu!

Âşık olacaksın Sercan...
İşte ben, Ece ile o gün tanıştım...

Takip

"Yokluğunda ömrümün yarısı

çekip gitmişti belki de,

şimdi varlığın tutmalı

kayıp yaşlarımın ellerini. "

İdmana gittiğimde, ne attığım yumrukları anladım ne de yediklerimden... Caner'in kroşelerine odaklanamıyordum ve istemsizce devamlı gardımı düşürüyordum. Aldığım sayısız darbenin ardından Caner eldivenlerini ringe fırlatarak; "Neyin var oğlum? Acemiler gibisin bugün." dedi ve bıyıklarının altından gülerek ekledi "Aşık mı oldun? Bu ne hal?"

Gülümsedim ve gülümsediğim sırada Caner'in eldivensiz elleriyle suratımın tam ortasına öyle bir yumruk yedim ki, sarhoş bir adam gibi sendelemeye başladım. Ardından da haliyle yere düştüm. Fakat yüzümdeki o gülümseme gitmemişti. Yattığım yerden dudağımdan mindere akan birkaç damlayla gülmeye devam ettim.

Normal bir zamanda ayağa kalkıp, bu yumruğu atanın ağzını, burnunu kırardım. Ama tam tersi, ben yerde yatmış Caner'in yüzüne tebessümlerimle vuruyordum.

Bu garip Sercan komiğine gitmiş olmalıydı ki, Caner de gülmeye başladı. Onun gülüşünün yükselmesiyle benim kahkaha atmam bir oldu. Ardından bizi gören tüm salon gülmeye başladı. Kaşımın patladığını gören Caner, yanıma gelip beni kaldırdı.

- Beş yıldır bu salona gelir gidersin, daha bir kere olsun güldüğünü görmedim.

+ Gülecek bir sebebim yoktu, buldum...

Şaşkınlığı yüz ifadesinden belli oluyordu. Sebebini sormasını bekledim lakin sormadı.

Beni ayağa kaldırdıktan sonra birlikte soyunma odasına doğru yürümeye başladık. Yürürken diğer sporcuların bana bakıp gülerek idman yaptıklarını fark ettim.

Onların o an gülmek için sebepleri bendim. Benim de bir sebebim vardı ama o sebebi bakışlarımdan görüp anlamalarından korktum. Sanırım kıskandım da...

Çünkü bu hayatta gülmek için tek sebebim onun gözleriydi...

Ve ben o gözlerin, gözlerimdeki yansımasından bile korkardım.

Ardından soyunma odasına girdik.

Bizim soyunma odamız kocaman lakin fazlaca eskiydi... dolaplar paslı demirlerden, kilitler bozuk, yerler hep ıslak ve ter kokar...

Ben soyunma odası derim, belki de siz batakhane dersiniz...

Caner, kendi dolabından sargı bezi ve zımbayı alıp yanıma geldi.

- Hazır mısın?

+ Hazırım.

- Emin misin bak?

+ Emi...

Kelimemi bile bitirmeden bir anda kaşıma zımbayı yapıştırdı. Attığım tiz çığlıkla birlikte patlayan kaşımı kapattı. Acıdan "Ebeni sikeyim." dedim. O da her zamanki meşhur bıyık altı gülüşüyle "Tanımıyorum nasıl olsa.

İstediğini yapabilirsin koçum." dedi. Ardından ayağa kalkıp tam karşımızdaki dolaba yaslandı. Elleriyle bağdaş kurdu ve yüz ifadesinde sorgulayıcı bir hal vardı.

- Sen geç gelmezdin idmanlara Sercan Bey! Bugün neden geç geldin?

Başımı öne eğdim. Verecek bir cevap bulamadım. Kelimeler dilimin altında birikti. O an aklımdan geçen tek şey Ece'nin gözleri ve apartmana girişiydi... Çünkü o elimi sıkıp kendi yoluna gittiğini düşünürken aslında ben Ece'yi takip etmiştim. İdmana geç kalmışlığımın tek sebebi de buydu...

Ece Bostancı' da, benim evimin beş sokak üstünde oturuyordu.

Şans mıydı bilmiyorum ama şans benden yanaydı, ben ondan yana...

Elimi sıktıktan hemen sonra karşıdan karşıya geçip, sokağın başındaki çiçekçiden bir demet nergis almıştı. Çiçekçi kadına 20 lira uzatıp "Üstü kalsın." diyerek oradan ayrılmıştı. Kucağında sanki bir bebek varmış gibi çiçekleri tutup koklamıştı.

Benim gibi dünyası zifiri karanlık olan bir adama, güneş gibi parlayan bir kadın yakışır mıydı?

Aslında yakışırdı...

Çünkü ben onun gündüzüne gece olurdum, o da geceme gündüz...

Takip etmeye devam etmiştim. Bir ara benim geçtiğim alt geçitte yürürken, benim para verdiğim dilenciye denk geldi. O da tıpkı benim gibi çocuğa para verdi. Tıpkı benim gibi çocuğun kafasını sevip gülümsedi, onunla konuştu. Daha sonra yoluna devam etti.

İçimden "Senin ne güzel bir kalbin var." dedim.

O yürümeye devam etti ben ise takibe. Muhtarlığın önünden geçerken muhtara selam verdi. Sonra manava, fırıncıya, minibüsçülere, bakkala... O an anladım ki, aslında benim hiç komşum yokmuş, ya da selam verecek birileri... Evinin önüne geldiğinde anahtarını çıkarırken yere düşürdü. Yerden alacağı sırada yanına gelen bir kediyi kucağına alıp sevdi. Hatta kediye koca bir buse kondurdu. Babaannemin sözleri çınladı kulaklarımda:

"Çocuklara ve hayvanlara sevgisi olandan korkma. Çünkü onun içinde merhamet vardır."

İşte ben, sanırım o merhameti Ece'de gördüm... Bu güzel düşüncelere fazla dalmış olmalıydım ki Caner'in konuşmasındaki ses tonu artmıştı.

- Oğlum neden cevap vermiyorsun? Kafanı önüne eğmiş duruyorsun.

+ Abi ben âşık oldum...

Caner bir anda gülümsedi. Onun o anki gülümseyişinde insana huzur veren bir ifade vardı. "Aferin sana" dedi. Belki de basit bir kelimeydi "aferin" ama benim bütün ruhumu okşadı.

Çünkü hayatı boyunca tek bir "aferin" kırıntısını dahi hak edecek bir şey yapmamış, sokaklarda büyümüş bir adamdım ben...

Ben de gülümseyip "Eyvallah." dedim. İç cebinden sigarasını çıkartıp yaktı. Aldığı ilk dumanı dışarı üfledikten sonra;

- Kimmiş bu kız?

+ Ece.

- Bu kadar mı?

+ Yani, o kadar...

- Hayırlısı...

Sigaradan birkaç duman daha alıp bana uzattı. Bir duman da ben çektikten sonra geri verdim. "Ben içerdeyim. Sen de bugün eve git âşık çocuk." dedikten sonra elinde kalan sigarayı bana verdi ve gülerek yanımdan uzaklaştı.

Elimdeki sigaraya baktım. "Beni böyle yaktın be kadın!" diye iç geçirdim. Son bir nefes alıp söndürdüm. Dolabımdan çantamı alıp içini açtım ve Ece'nin içtiği su şişesini çıkartıp dolabıma koydum. Hatıra kalsın istedim. Ardından da havlumu alıp duşa girdim. Ama bu sefer yıkanmak için değil, günahlarımdan arınmak için suyun altına girmiştim.

Artık hiç bir şey eskisi gibi olmayacaktı...

Çünkü ben âşık olmuştum...

İlk Hafta

"Sevilmek,

her atışında 'yaşamak' ispatıdır

kalbimin!

Gülümsetir…"

Tanıştığımız günün ardından hemen her gün Ece'nin evinin önüne gitmeye başladım. Bir kez olsun denk gelip "Kadın! Ben sana aşık oldum." diyebilmek için günlerce köşe başlarında bekledim fakat diyemedim. Günlerce, saatlerce beklemiş olsam da, apartmandan ne çıkan vardı ne de apartmana bir giren. Üstelik apartmanın tamamını ezberlemiştim adeta:

Kaç kişi...

Kim bekâr...

Kim evli...

Kim yaşlı...

Her detayı aklıma kazımış olsam da, bir türlü Ece'yi göremiyordum. Asıl bilmem gereken detayı hayat bana öğretmemekte ısrar ediyordu sanki.

Özellikle de onu beklediğim ilk gün, hayatımın unutulamayacak anılar kısmına kazındı. Antrenmandan sonra yorgun bir halde eve gidip, her zaman yaptığım ritüeli gerçekleştirdim. İçtim, içtim, içtim ve sızdım. Ertesi sabah iliklerime kadar yalnızlık hissiyle uyandım. Ece'yi görmem gerekiyordu! Bunu anlamıştım...

Antrenmanı boş verip giyindim ve çıktım. Evinin önüne gidip beklemeye başladım. O an içimdeki umut dolu çocuğu görmeniz lazımdı!

Sanki ben bir hastaydım, doktor içimdeki hisler, ilacımsa Ece'ydi...

Bir insan sabah uyanır uyanmaz hiç tanımadığı birini nasıl bu kadar özleyebilirdi ki?

Kim nasıl özleyebilir bilmiyorum ama ben çok özlemiştim. Hava kararmıştı, tıpkı içimin, ümitlerimin karadığı gibi. Bugün de gelmemişti Ece.

Ertesi gün yeniden, yeniden ve yeniden derken tam bir haftadır Ece'nin sokağının başında duran bir adam olmuştum. Artık içimdeki çocuğun umudu tükeniyordu. O akşam elim boş dönmemeye kararlıydım ve kapıcı dairesinin zilini çaldım. Kapıyı kısa denilebilecek boyda, gür saçlı, hacı yatmaz misali vücut hatlarına sahip, ağzının kenarında emanet gibi tüttürdüğü sigarasıyla yaşlı bir amca açtı.

- Sen kimsin?

+ Yeni taşındım buraya.

İnanmış görünüyordu. Belki de başından savmak için inanmış gibi davrandı.

Yalan söylemekten başka çarem yoktu. "Abi ben bu apartmanda oturan bir kıza âşık oldum ve apartmandan çıkması için bekliyorum." deseydim polis çağıracağından ve malum sapık damgası yiyeceğimden hiç şüphem bile yoktu. Kısa süreli yapmış olduğumuz sohbetin ardından, Ece'yi soramadan orayı terk ettim.

Günler günleri kovaladı ve artık umudumun tükendiği o son gece, sokağı terk ederken apartman görevlisi yanıma geldi. Sigarası yine ağzının kenarında tütüyordu.

- Kardeşim bir dakika bakar mısın?

+ Buyur abi?

- Hayırdır? Sen hırsız falan mısın? Polis mi çağırayım?

+ Asıl hırsız bu apartmanda oturuyor abi.

- Kardeşim, sen kafayı yedin galiba. Burası aile apartmanıdır.

İçimde yaşadığım mahcubiyet, yanaklarımı kan kırmızısına çevirdi. Kelimeler boğazımda hınç oldu. Yutkunmamla birlikte bardaktan boşalırcasına döküldü sözcükler.

- Bu apartmanda oturan bir kız var, adı Ece. Günlerdir onun çıkmasını bekliyorum. Benim kalbimi çaldı. Asıl hırsızı ben bekliyorum.

Yine Türk filmlerinden fırlamış bir sahne yaşıyorduk. Pis denilebilecek bir gülüş attı. Hatta ağzının kenarındaki sigara bu gülüşü daha da pis hale getiriyordu.

+ Ece hanımı tanıyorum ama kendisi burada oturmuyor. Babaannesi yaşıyor apartmanımızda. Nadiren gelir ziyaretine.

Duyduğum bu sözlerin ardından başımdan aşağı kaynar su döküldü sanki. Yüreğimde çarpıntılar, zihnimde umudumun enkazında kalan düşünceler... Günlerdir, gecelerdir, saatlerdir bir köşe başında boşuna beklediğime mi üzülmeliydim? Ece'yi bir daha göremeyeceğime mi kahrolmalıydım?

İçimde yaşanan tüm bu fırtına yüzünden boğuk bir ses tonuyla, "Peki abi." dedim ve titreyen adımlarla evin yolunu tuttum. Daha birkaç adım atmıştım ki amca seslendi:

"Genç, hop! Bir dakika bakar mısın?"

Apartman görevlisinin söylediklerini duyuyor olsam da kulağımdan giren kelimeleri aklım umursamıyordu. Yürümeye devam ettim ve kendi kendime şunları söyledim:

"Mutluluk sana bir beden büyük gelir aslanım, devam et..."

Mahalle bakkalı Muhittin abiye girdim. Yüz ifademden berbat bir gün geçirdiğimi anlamış olmalı ki, doğruca biraların olduğu dolaba yöneldi. Altı yedi şişe dizdi tezgâhın üzerine.

- Yetmez Muhittin abi, sen onu çarpı iki yap.

+ O derece diyorsun ha?

Eve girdiğimde tüm ışıkları kapattım. Perdeleri ardına dek çektim. Ne ışığı görmeye tahammülüm vardı ne de ayın insana aşkı çağrıştıran o aydınlık tarafını. Çünkü bu gece ben, o ayın karanlık tarafındaydım.

Şans insanın kapısını bir kere çalar diyorlar...

Benimki sahiden çalmış mıydı henüz onu da tam olarak bilmiyordum ama çalındıysa bile ben o kapıya yetişememiştim.

Hem zaten sonrasında bir umut kapıyı açtığımda da kimse yoktu...

Sil Baştan

"Bazı yaralara ne kadar yara bandı

yapıştırırsan yapıştır, kan durmaz;

dikiş atmak gerekir."

Günler günleri kovalıyor, akrep ile yelkovan acımasızca dönüyordu. Zaman her şeyin üzerini örten bir tül gibiydi. Ben de bu akan hayatın akıntısına yeniden kapılmıştım ve rutin hayatıma geri dönmüştüm.

Zor günlerdi. Ben de zorlukları hafifletmek için geçen aylar içerisinde birçok kadınla beraber oldum. Aralarında sevdiğim de oldu, sevildiğim de... Aldatmalarım da oldu aldatılmalarım da... Aslında bir bakıma yara bandı yaptırmıştım. Bu hayatta herkesin bir felsefesi vardı, benimki ise:

"Bazı yaralara ne kadar yara bandı yapıştırırsan yapıştır; kan durmaz, dikiş atmak gerekir."

Onu, eski binaların soğuk duvarlarına dayanarak günlerce beklemek o denli üzmüştü ki, ben de kendi felsefemi uygulamakta bir an olsun tereddüt etmedim. Ve seviştim... Seviştim... Sonra yine seviştim...

Fakat bir gün, tüm bu keşmekeşliğimi bozan bir şey oldu.

Ne soğuk ne sıcak denilebilecek türden, yağmakla yağmamak arasında kararsız kalmış bir geceydi. Sıradandı benim için. Aklımda ne Ece vardı ne de hayatın yaşamaya değer olduğunu vurgulayan gündelik bir olay. Antrenman dönüşü aldığım duşun ardından kendime sıcak bir kahve yapıp pencerenin kenarına oturdum. Gözlerim karanlığın ufkuna daldığı bir anda aklıma "Acaba yurtdışına mı gitsem?" fikri düştü lakin nereyesi önemli olmayan bir arzuydu bu hissettiğim. Hemen internetten, yurtdışına gidebilmek için gerekli evrakları inceledim. Pasaport için biyometrik fotoğraf gerekiyormuş.

Ertesi sabah erkenden çıkıp, evin birkaç mahalle yakınındaki Yıldıray fotoğrafçılığa gitmek üzere yola koyuldum. Yürüyordum ama sanki ayağımın altından asfalt kayıyor gibiydi. Bünyemde alışılmışın aksine reaksiyonlar beliriyordu ve ben hala yürümeye devam ediyordum. Ardından bir anda kendimi yerde buldum.

Etrafıma insanlar toplandı. Yüzleri buğulu gibiydi, seçemiyordum. İçlerinden biri "İyi misin kardeşim?" diyerek ayağa kaldırdı beni.

Sanki her şey çok hızlı ilerliyordu. Ne zaman yere düştüm?

Ne zaman ayağa kalktım?

Bu insanlar kim?

Ben neredeyim?

Üzerime tutunan tozları temizlerken kalabalık da dağıldı. O sırada masmavi gözlü, yaşlı bir teyze yanıma geldi.

- Yavrum, iyi misin?

- İyiyim ablacım. Teşekkür ederim.

- Bence bir doktora görünmelisin. Çünkü nasıl düştüğünü gördüm ve bunları sana doktor bir ablan olarak söylüyorum.

Afalladım ve hayli korktum. Hemen aklıma aylar önce, evde yere düştüğüm an geldi. Zihnimde beliren kötü düşünce bulutlarını dağıttım ve teşekkür ederek oradan uzaklaştım.

Hiçbir şey olmamış gibi, sanki az önce yere yığılan ben değilmişim gibi, hızlı adımlarla fotoğrafçıya gittim. Tabelasında ışıklar yanıp yanıp sönüyordu. Böyle gereksiz bir detaya takılınca buralara gelmeyeli hayli zaman olduğunu fark ettim. İçeri girmemle beraber ben yaşlarda bir çocuk hemen ayağa kalktı;

- Merhaba

+ Merhaba. Size nasıl yardımcı olabilirim?

- Biyometrik fotoğraf çekilecektim.

+ Elbette. Sizi arka stüdyoya alalım.

Stüdyodaki sehpaya oturduğumda üstümdeki toz kalıntılarını fark etti.

- Ne oldu size böyle?

+ Nasıl yani?

- Üstünüz başınız kirlenmiş. Düştünüz mü?

Daha cevabımı dahi beklemeden içeriye gidip ıslak mendil getirdi.

- Teşekkür ederim.

- Ne demek...

Fotoğraf makinesini aldıktan sonra yanıma gelip, başıma dokunuşlar yaparak açıyı düzeltti. Bu durumu garipsedim. O an hayatımda daha önce hiç fotoğraf çektirmediğimin bilincine vardım.

"Evet... Şimdi gülümse bakalım." dedi. Yüzümü öyle bir hale getirdim ki, o da gülmeye başladı.

- Ya moruk! Kusura bakma da böyle gülmek mi olur? Güzelce gülümsesene.

+ Sen düz çek işte.

- Adın ne senin?

+ Sercan. Senin ki ne?

- Benim adım da Emre.

Memnun oldum dedim. Memnun oldum dediğim an midemde bir bulantı başladı. Belirtmemek için çabaladım. "Evet, çekiyorum." dedi ve ardından flaşlar patladı. Son hatırladığım şey bu.

Yere yığılıp kalmışım...

Hastane

"Söylenecek onca söz varken

susmaktı çaresizlik."

Gözlerimi açtığımda gördüğüm manzara karşısında, yeniden bilincimi kaybetmemek için büyük çaba gösterdim.

Karşımda duruyordu...

Kanlı canlı...

İnsana denizi hatırlatan gözleriyle...

"Galiba bu sefer sıra bende!" demişti Ece...

Şaşırmış ve şok halinde etrafıma baktım. Dar bir odaydı. Sağımda hastanelere özgü kasvetiyle bir pencere, solumda ise fotoğrafçıda tanıştığım Emre... Kendimi anlamını ararken kaybolduğum bir rüyada gibi hissettim.

"Sercan iyi misin?" dedi Emre.

Ece'yi gördüğüme o kadar şaşırmıştım ki, konuşamadım. Odadaki sessizliği yine Emre bozdu:

"Haydaa! Çocuğun nutku tutuldu. Oğlum iyi misin? Bir şey desene."

Sesleri duyuyor ama konuşamıyordum.

Gözümü Ece'nin gözlerinden alabilseydim konuşabilecektim fakat dilim sanki lal olmuştu. İçimden "Bu nasıl güzellik Allah'ım!" dedim.

Emre yeniden söze girdi:

- Kızım çocuğa bir şey olmasın!

+ Bence şu anda şok geçiriyor.

Ve sözlerinin ardından güldü...

Ece...

Ece bana güldü...

O güldüğü sırada bir kapı sesi duydum. Şans kapıyı bir defa çalar demişlerdi ya...

Kocaman bir yalandı!

"Bu sefer o kapıya yetişmeyen Sercan'ı sikerim" dedim içimden.

Ben bunları içimden söylediğimi zannediyordum lakin Ece'nin gülüşünden anladım ki, içimdekiler nefes yoluyla havaya teneffüs edilerek kelimelere dökülmüş.

Sanki o an zaman durdu. Hani kalabalık bir ortam da herkes konuşurken bir anda sen küfür edersin ve tam sen küfür ederken herkes susmuş olur ya... Aniden dökülür kelimeler, pat diye... İşte öyle bir andı.

Emre bastı kahkahayı. Odanın içi bir anda yumuşadı. "Sercan Bey galiba kendine geliyor." dedi Ece. Ardından Emre telefonunu çıkardı. "Ben bunu kaçıramam. Mutlaka videoya çekmem lazım. Bu kare instagramda kesin patlar." dedi. O an Ece'nin orada olduğunu unuttum sanki. Kafamı sol tarafa doğru çevirip Emre'nin tam gözlerinin içine baktım.

"O telefonu bana doğru tutmaya devam etsene." dedim.

Gözlerimi gözlerinden ayırmadım. Emre'nin korkusu suratından o kadar belliydi ki, Ece bir anda elimi tuttu.

"Sakin ol! O salak öyledir. İyi misin?" dedi.

O "İyi misin?" dedi ya, ben "Baldıran zehrini içmiş olsam bile sen buradasın ya, ben iyiyim." demek istedim. Ama ona bunu bu şekilde söyleyemedim. Kaşlarımı çatarak, "İyiyim Ece Hanım." dedim.

Ece ise Emre'ye doğru dönerek, "Bugün ben nöbetçiyim. Sen git, arkadaşın kalsın." dedi.

Ne zaman Emre ile arkadaş olduğumuzu içimde sorguluyor olsam da, Emre anlamsız bir tepkiyle "Kanka sana burada iyi bakacaklar. Hadi, iyisin iyi." dedi... Ardından göz kırparak Ece'yi öptü ve gitti.

Gördüğüm bu kare ya bir rüyaydı, ya da ben kafayı yemek üzereydim. İkinci ihtimal daha ağır basıyordu içimde.

- Hadi, biraz dinlen. Bir şey olursa seslenirsin. Bu arada aramamı istediğin bir yakının var mı?

+ Hayır yok Ece. Ben tek başıma yaşıyorum.

- Nasıl yani? Annen, baban ya da bir sevgilin yok mu?

- Yok...

Yüzünde garipseyen bir ifade belirdi.

- Peki, bir şey olursa bana seslenmen yeterli. Bu katta nöbetçiyim.

+ Tamam.

Yanımda duran sehpanın üzerinden kâğıtları alıp odadan çıktı. Sahi, ne kadar da yalnızdım. Hastanede yatıyordum ve arayacak kimsem yoktu. Düşüncelerim derinleşmişti. Kendi kendime "Tut ki bu kızın gönlünü çeldin Sercan, nasıl gidip isteyeceksin annesinden, babasından?" diye sordum. Cevabı zor bir soruydu benim için. Ne annem vardı ne de bir babam. Tek başıma savrulup duruyordum hayatın rüzgârında. Caner'den başka isteyecek kimsem olmadığını fark edince, duygusuz, duvar gibi katı yürekli olan ben, bir anda ağlamaya başladım. Ardından mutluluk gözyaşlarıyla karışık ağlamaya başladım.

İnsan hastaneye düştüğüne sevinir mi?

Ben sevindim.

Çünkü hasta olan bendim,

hissettiklerim doktorum,

ilacım ise Ece'ydi...

Gece uyandığımda hastanede çıt dahi yoktu. Kapıdan geçen hemşireleri seyrediyordum. Bir anda Ece geçti. Bir adım attı, sonra geri döndü.

- Uyanmışsın.

+ Evet, uyandım Ece.

Bir süre sessizlik oldu ve yanımdaki tabureye otururken sessizliği bozan yine o oldu.

- Sen hep böyle sessiz misin?

+ Biraz...

- Bu garip bir his ama sen bana benziyorsun.

+ Nasıl yani?

- Tıpkı senin gibi benim de annem, babam yok.

Sanırım o an bana bunları Allah söyletti:

"Ben senin hem annen olurum, hem de baban..."

Dondu...

Bir sabah sahilde baygınlık geçirip
dizlerinde uyandığım adam,
şimdi bana "Senin hem annen olurum
hem de baban." diyor.

Benim adım Ece.
Bütün ailesini trafik kazasında kaybetmiş
ve hayatında sadece babaannesi olan,
eski İstanbul kafalı bir kadınım...
Bir de Sercan'ın gelecekteki eşi...
Yani baldıran zehri...

İyi ol sevgilim...

Pencereden dışarı dalıp giden Ece'ye yanlış bir şey söyleyip onu incittiğimden şüphelendim.

+ Eğer seni incittiysem, özür dilerim Ece.

- Yok, hayır neden incitesin. Sadece gözüm dalmış.

Hemen konuyu dağıtmaya çalıştım.

+ Çay var mı?

- Var...

Gülümseyerek sedyeden kalkmam için yardımcı oldu. Terliklerimi giydikten sonra koluna girip yavaşça yürümeye başladık. Uzun ve beyaz bir koridordu. Tipik bir hastane koridoru...

Yaşanmışlıklarla ve yaşanmamışlıklarla dolu...

Asansörle zemin kata kadar indik. Adeta ana baba günüydü. Kalabalıkları yara yara aralarından geçerken, antrenman salonundan Arif ile göz göze geldik. Görünmemeye çalıştıysam da hemen yanıma yanaştı.

- Sercan ve hastane! Hayırdır oğlum, dayak mı yedin?

Her ne kadar kaş işaretlerimle susturmaya çalışsam da, büyük pot kırmıştı. Ece gözlerini kısarak söze girdi:

- Nasıl yani?

+ Bir şey yok Ece. Arif kardeşim şaka yapıyor. Yoksa benim kavgayla falan ne işim olur...

Ardından Arif'in gözlerinin içine öyle bir baktım ki, taş

olsa çatlardı o an. "Hadi güzel kardeşim, geçmiş olsun." diyerek, konuyu kestirip attım.

Kantinin bahçesine oturduk. Etrafta kimse yoktu. Ece tavşankanı iki çay alıp geldi.

- Karnın aç mı?

+ Eyvallah, tokum Ece.

Karşıma oturup ince dudaklarıyla çayından bir yudum aldıktan sonra, kollarını bağdaş yapıp beni izlemeye başladı.

- Eee? Kimsin sen?

Sahi, ben kimdim? Tek bildiğim, daha küçük yaşta yetimhaneye bırakılmış, dizine kadar pisliğe batmış, hayatı kavga ve dövüş üzerine kurulu olan hayvanın tekiydim.

Asıl soru ona bunları anlatabilecek miydim?

Tabi ki hayır!

- Ben avukatım. Hukuk fakültesi yıllarından bir arkadaşımla büro açtık. Boşanma, ticari anlaşmazlıklar gibi basit dosyalarla kendi yağımızda kavruluyoruz.

+ Aaa, gerçekten mi?

- Evet ama öyle abartılacak bir meslek değil.

Avukatlık ile ilgili anlamadığım konularda saatlerce sohbet ettik. O kadar çok konuşmuştuk ki, artık bir ara ben bile kendimi avukat sanmaya başlamıştım.

Bir süre sonra Ece durup "Sercan" dedi ve ekledi "Hiçbir avukatın yumruklarının üstü yara izleri olmaz."

O an çok utandım. Utanmışlığımı o kadar çok belli etmiş olmalıyım ki eliyle çenemi kaldırıp, "Utanma!" dedi. Bana doğru yaklaştı. Sağ eliyle saçımı okşadı.

"Anlaşılan sen, saldırgan bir sokak kedisisin." dedi ve gülümsedi.

- Bana dövüşmeyi öğretir misin?

+ Ben seni korusam, daha iyi olmaz mı?

- Bak bunu daha çok sevdim.

Ve ben, işte o gün yemin ettim:

Artık kendim için değil,

Ece için yaşayacaktım...

Günaydın

"Adından kalma bir akşamın,

adına hiç benzemeyen sabahına

göz açmaktı bazı vakitler."

Beni güzelce yatırdı. O gece hayatımın en huzurlu uykusunu bir hastane odasında yaşamıştım. Nasıl uykuya daldım bilmiyorum ama boğulmamıştım.

Sabahın ilk saatlerinde gözümü açtığımda, karşımda esmer tenli, uzun boylu, garip yüz hatlarına sahip, hatta ilk bakışta insana Hindistanlı izlenimini veren biri vardı. Bu kadar güzel bir geceden sonra, gözümü açtığımda Ece'yi görmek yerine böyle bir tip ile karşılaşmak içimde kısa süreli bürukluğa sebep oldu.

- İyi misiniz?

+ İyiyim de, siz kimsiniz?

- Özür dilerim, kendimi takdim etmeyi unuttum. Ben Gökhan, psikoloğunuzum.

+ Neden bir psikoloğa ihtiyacım var?

O esnada içeri öyle bir ses girdi ki, a ve ı harfinin sonsuza kadar uzadığını hayal edin;

"Günaaaaaydııınnn!"

O an kafamı çevirdim ve ağzıma aynen şu cümle geldi;

"Kim lan bu gevşek?"

Allah'tan bu sefer dışarı değil içime söylemiştim. O sırada kapıda güneş gibi parlayan Ece'ydi ve şayet ağzımdan böyle bir cümle çıksaydı beni bayıltıp, üstümde yeni yeni deneyler falan yapardı diye düşündüm.

"Sercan, Gökhan çok iyi bir doktordur ve tıpkı Emre gibi Gökhan da benim çocukluk arkadaşımdır." dedi.

Ben de içimden "Hayatımda bir Hindistanlı eksikti zaten." dedim. Elimi uzatıp memnun olduğumu ifade eden bir baş selamı verdim.

- Ece, sen biraz dışarı çık bakalım.

+ Peki, Gökhan hocam.

Gökhan, solumdaki tabureyi alıp sağ tarafımdaki cam kenarına çekti ve sırtını duvara yasladı. Ardından bacak bacak üstüne atıp, elini gömleğinin cebine götürdü. Ufak bir not defteri ve kalem çıkardı.

- Adın neydi?

+ Sercan.

- Elinin üzerindeki yaraların sebebi nedir Sercan? Çok mu kavgacısın?

+ Ben kavgacı değilim ama hayat kaşınıyor genelde. Ayrıca bu benim mesleğim. Eğer ellerimin üzerinde yara olmazsa evimin kirasını ödeyemem.

Faturalarım kalır...

Yemek pişmez...

Balıklarıma mama alamam...

Yani senin anlayacağın Gökhan'cım, **elinin üzerinde ne kadar yaran varsa, o kadar paran var demektir...**

Bu sırada Gökhan, camdan dışarıya bakıyordu. Muhtemelen yalan söylediğimi düşünüyordu. "Şu karşıdaki çatıya bak." dedi. Gözlerimi kısarak baktım ve "Yani?" dedim.

- Kardeşim tam da o çatıdaydı. Ve uyuşturucu bağımlısıydı. Parası olmadığı için uyuşturucuyu bulamamış, benden de defalarca istediği için soramamış.

Oysa insan abisinden utanır mı?

Utanmış çocuk işte...

Yani gelip bana diyememiş...

O çatıdan aşağıya ağlayarak kendini attığını gördüm. Sen yumruk atarak kaç kişinin kemiğini kırdın bilemem ama eminim bir kemik kırılmasının sesini iyi biliyorsundur. Kardeşim yere düştüğü zaman çıkan sesi duysaydın, bırak yumruk atmayı, bir daha spor yapamazdın.

O an sanki kalbime atom bombası düştü, adını Çernobil koydular, Kazım Koyuncu' yu da toprağa verdiler...

Gökhan sonra bana dönüp nasıl hissettiğimi sordu.

- Bok gibi hissediyorum.

+ Bence mutlu olmalısın. Hayatında kimseyi kaybettin mi?

- Kaybedecek kimsen olmayınca, ölümün kokusunu, rengini, tadını bilmiyorsun.

+ Nasıl yani Sercan?

- Senin yaşadığın acıyı yaşamadığım doğrudur. Hatta ölümü de bilmem. Tek bildiğim şey kendimdir. Yetimhanede büyüdüm ben. Ne annem var, ne babam, ne kardeş, ne de adı her neyse sen koy işte... Tırnaklarımla

kazandığım bir evim, Caner adında bir antrenörüm, Ye-
şil isimli bir balığım var. Bu kadarım...

Bu hayatta ben de varım ama aslında hiç kimseyim...

Tam o sırada kapının aralığından Ece başını soktu. "Ben
yokum yani öyle mi?" dedi gülerek.

Gökhan'a dönüp, yarı tebessümle "Bir de Ece'm var."
dedim.

Gökhan gözlerimin içine derin bir bakış attı.

"Bu çatıya iyi bak! Ece bizim göz bebeğimizdir. Şayet
onu üzersen, o çatıdan atlayan sen olursun. Bunu bir
tehdit olarak algılama. Çünkü seni atan biz olmayız.
Emin ol kendin atlarsın o çatıdan." dedi...

Haklıydı. Beni o çatıya çıkarabilecek tek güç Ece'ydi.

Çünkü ondan başka kimsem yoktu...

Siz Gökhan'la konuşurken,
ben sizi kapı arasından dinledim.
Sandığın gibi son dakika gelmedim sevgilim...
Sen artık yalnız değilsin...
Ben sana da bakarım.
Evine de...
Yeşile de...

Sen bensiz olma ben de sensiz...
Olur mu?
Olur...
Olsun...

Evim Sensin

"Bundan böyle yol evim olana,

yol evin olmaya..."

Birkaç gün sonra taburcu oldum ve evime geldim. İçimde adını koyamadığım hisler yaşıyordum. Sanki hayatımda bir nokta eksikti ama ben, virgül bile değildim. Kapıyı açarken anahtarın o buz gibi soğuk oluşu, açacak kimsem olmadığı için zili çalamamam o kadar zor gelmişti ki...

Eve girdiğimde beni buram buram özlem kokusu karşıladı. Çünkü evim beni çok özlemişti. En büyük belirtisi ise dolaptan gelen çürük meyve kokularıydı. Eve girer girmez bütün dolabı temizledim. Bu, yaklaşık bir saatimi aldı. Ardından salonu, sonrasında ise banyoyu... İyi de neden ben temizlik merakına sarmıştım durduk yere?

Çünkü akşama Ece gelecekti...

Aslında evime ilk defa bir misafir gelecekti.

Çapkınlıklarım bile üçüncü sınıf otel odalarından öteye gitmezdi...

Zamanın nasıl geçtiğini anlayamadım. Saat akşamın sekizinde kapı çaldı. Salondan kalkıp evin kapısını açmak için ayağa kalktım ve o birkaç metre mesafelik yolda kalbimin heyecandan durmaması için büyük mücadele verdim. Ellerim titreye titreye kapıyı açtım.

Ece, elinde bir buket nergis ile karşımda duruyordu.

"Bunu bu mevsimde bulmak zordur ama benim en sevdiğim çiçek nergis." dedi Ece. Gülümsedim. "Hoş geldin." dedim. Hoş bulduk demeden içeri girdi.

Üstünde, diz kapaklarına kadar uzun bembeyaz bir elbise, yüzünde kocaman bir gülümseme ve kalbinde özlem dolu çırpıntı vardı. Ardından birlikte salona geçtik.

Evimi çok beğendiğini ve eşyaların antika olup olmadığını sordu. Ben ise "Param bunlara yetti." diyemedim. "Evet, hepsi antika. Hepsini özel seçtim." dedim.

Elbisesinin eteğini bir hamlede bacaklarının arasına kıvırarak camın kenarındaki koltuğa oturdu. Beni de tam karşısındaki koltuğa oturttu.

- Demek bu eşyalar özel seçim? Hımm... Bence de özel seçim. Ben bunları birkaç sene önce manavın yanındaki eskicide görmüştüm.

Yüzünde, yalan söylediğimi çok iyi bilen bir ifade vardı. Tam konuşmaya başlayacakken bana doğru yaklaştı ve ellerimi tuttu.

"Bana bir daha yalan söylersen, kalan ömrün bensiz günlerden oluşsun. Benimle geçen günlerinse haram olsun" dedi. Dondum...

- Tamam mı Sercan?

+ Tamam Ece.

- Aferin...

Sözlerinin ardından sıkıca sarıldı. Ece'nin kokusunu ilk defa o an içime çektim. Ve kendi kendime şunu söyledim:

"Bu koku sensin. Çünkü evim sensin."

Geceden *Ecele*

"Aradığını bulunca kaybetme

korkusuyla yaşıyorsun aşkı..."

Yemeğimizi bitirdikten sonra Ece, şarkı çalmak istedi. Telefonundan müzik açacağı sırada durdurdum ve odamdaki müzik çaları getirdim.

Telefonunu müzik çalara bağladı ve Ahmet Ali Arslan'dan "Gözlerimdesin" adlı şarkıyı çaldı. Şarkının nakaratında "ben nasıl unutacağım seni" diyordu.

- Neden bu şarkıyı seçtin Ece?

+ Çünkü burası sanki benim evim gibi. Şimdi ben burayı unutup, evime nasıl gideceğim.

Tam söze girecektim ki eliyle dur işareti yaptı. Durdum...

Gözleri kapalı, eliyle hafif ritim tutuyordu.

İçimden "Ben seni bırakır mıyım? Hiçbir yere gidemezsin." dedim. Ece de "Zaten bir yere gitmiyorum, salak!" dedi.

- Ben bunu sesli mi söyledim?

+ Neyi?

Sadece gülümsedim.

Ece benim içimi de biliyordu dışımı da...

+ Lavabo ne tarafta Sercan?

- Salondan çıkınca hemen sol tarafta.

+ Tamam.

Fakat lavaboya gitmedi.

+ Eee? Gitsene lavaboya.

Çocuk gibi bir gülümseme geçti yüzünden.

- Çişim yok, sadece yeni evimi tanıyorum.

Öyle bir kahkaha attım ki, Ece de dayanamayıp gülmeye başladı. İkimizde umarsızca gülüyorduk.

Hani çocukken, en yakın arkadaşınız vardır da, o gülmeye başlayınca sen de gülersin. Sen güldükçe de o daha fazla güler. O an yaşadığımız şey tam olarak buydu...

Nergisleri pencerenin kenarına koymuştu.

- Bunlar burada kurur Ece. Ben unuttum onları. Hemen vazo bulmam lazım ama evde vazo da yok ki.

+ Bira bardağı da olur Sercan.

İlk başta yadırgasam da, sonra düşününce mantıklı geldi. Hemen gidip kocaman bir bira bardağı getirdim. Güzelce koydum nergisleri içine. Ece ise masayı toparlamak için harekete geçti. Hemen "olmaz" deyip elindeki tabaklara yöneldim.

O da "hayır hayır" dedi ve çekti...

Çekerken de yere çatalı düşürdü...

O eğildi, ben eğildim...

O çatalı aldı, ben bakakaldım...

Öpüştük...

Hayatımda ilk defa bir kadını öperken ağladım.

Sanırım ben aşk denilen şeyi Ece ile tanıdım.

Onunlayken içim titriyor, aklım başımdan gidiyordu.

Hani Sadri Alışık'ın "Bu da mı gol değil?" dediği sahne var ya;

o arkadan "Goool!" diye bağıran insan gibi oluyordum...

Aradığını bulunca bu sefer de kaybetme korkusuyla yaşıyorsun aşkı...

Dünyada hayat eşini bulmaktan başka mutluluk olabilir mi?

Olamaz...

Dudaklarımız birbirinden ayrıldığı zaman ikimiz de ağlıyorduk. Çünkü ikimiz de o kadar yalnızdık ki, sesimizi duyan yoktu...

O bana mecburdu, ben ona...

Dakikalarca konuşmadan sarıldık. Sanki konuşan sadece vücutlarımızdı o an...

Bu sessizliği Ece'nin ağlama sesi bozdu.

- Sen neredeydin bugüne kadar? Neden beni yalnız bıraktın bu kadar sene?

+ Seni arıyordum Ece.

Ece'nin hıçkırıkları benim kalbime saplanıyordu. Onu bunca sene bulamadığım için kendimi suçluyordum. Onsuz geçen her saniyeme gelmiş geçmiş en ağır cümlelerle sövdüm. O gece ağlaya ağlaya halının üstünde sarılarak uyumuşuz.

Hava soğuktu ve üstümüzü örtecek bir battaniyemiz yoktu.

Ama aşkımız vardı.

Biz de ona sarılıp ısındık...

Sabahın ilk saatleri uyandığımda Ece hala uyuyordu. Yavaş bir şekilde kucağıma alıp yatağa yatırdım. Sandalyeyi önüne çekip onu izledim. Sadece bakıyordum. Dünyanın en güzel manzarası gibi gelmişti bana.

İnsan bir şeye açsa, doymak ister dimi?

Ben onu izlemeye doyamadım.

Çünkü güzel şeyler bitmemeli!

Sandalyeden kalkıp sessizce saçlarına eğildim. Derin bir nefes çektim içime ve cennetin kokusuyla o an tanıştım. Sonunda daha fazla dayanamayıp yanına uzandım.

Çok geçmeden uyuyakalmışım, cennette uyur gibi...

Uykumdan Ece'nin sesiyle uyandım.

"Güüünaaayyydınnnn!"

Evin içerisinde bir sese alışık olmadığım için kısa süreli şaşkınlık geçirdim.

- Saat daha yedi Ece.

+ Yuuuuhhh! Saat onbir oldu.

- Nasıl yani?

+ Hadi kalk, kahvaltı hazır hayatım.

O an yataktan kalkınca şunu anladım:

Artık hem kahvaltım vardı hem de hayatım...

Uyandığımda masanın üzerinde yetim bıraktığım rakı bardağımı gördüm.

Peşimi bırakmaya niyeti yoktu anlaşılan. Pantolonu çıkartıp şortumu giydim. Mutfağa doğru giderken Ece'nin yere bir çarşaf serip, üstüne hazırladığı kahvaltıyı gördüm.

- Ne o elindeki Sercan?

+ Eski bir arkadaş.

- O arkadaşını bırak da gel artık. Yumurta soğuyacak.

Arkadaşımı mutfak tezgâhının üstüne bıraktım. Geri dönüp tam sofraya oturacaktım ki, "Git bir elini yüzünü yıka. Pis herif!" dedi.

İçimden "Yeni hayatına hoş geldin Sercan'ım." dedim ve ardından güldüm. "Peki hanımım."

Banyoda elimi yüzümü yıkarken aynada kendimi fark ettim. Karşımda traş olmamış bir adam vardı. Bakımsız, kendine değer vermeyen bir adam...

Zaman biraz fazla geçmiş olacak ki, kapının kenarında Ece belirdi.

- Ne oldu beğenmedin mi kendini?

Afalladım. Çünkü Ece'nin orada olduğundan haberim yoktu.

+ Özür dilerim, dalmışım.

- İnsan kendine dalar mı?

+ Bilmem, dalıyor galiba.

- Dur bir dakika, geliyorum.

Salondan bir sandalye alıp geldi. Getirdiği sandalyeyi lavabonun ortasına koydu.

"Otur" dedi ve tekrar içeri gitti. Şaşkınlıkla bekliyordum olacakları. Dolabımdan bir kravat getirip tam arkama geçti. Ardından gözlerimi bağladı. Sadece karanlığa bakıyordum. Sus sesleri işittim ilk başta.

- Sıcak su sağdan mı akıyor soldan mı?

+ Soldan akıyor.

- Tamam. Ben ne yaparsam karışmayacaksın, tamam mı?

+ Patron sensin, tamam.

- Biliyor musun, ben küçükken hep babamın tıraş olmasını seyrederdim. Aynı böyle bir lavabonun kapısının önünde hep babama, "Baba, seni ben tıraş edebilir miyim? diye sorardım. O da bana "Babacığım daha ufaksın, yüzümü kesersin." derdi. Ben hiç babamı tıraş edemedim biliyor musun Sercan?

Gözlerim bağlı olduğu için Ece anlatırken, minik Ece'yi hayal ettim. Banyonun kapısının önünde durmuş babasını izliyordu. "Şimdi öğrendim hayatım." dedim. Yüzüme güzelce sıcak suyla sabunu karıştırarak tıraş sabununu sürdü.

- Şimdi sen benim babamsın, tamam mı?

- Tamamdır.

Ece o sabah ağlaya ağlaya tıraş etti beni. Ben de hiç sesimi bile çıkarmadım. Bir güzel makasla sakallarımı kısalttı. Neye benzeyeceğim umurumda bile değildi.

Tıraş bitti ve gözlerimi açtı.

"Hadi, kalk bakalım. Kendine geldin." dedi. Ayağa kalkıp aynadaki adama baktığımda şok olmuştum adeta.

- Bana bak Sercan.

+ Bakıyorum hayatım.

- Küçük kızlar babalarına aşık olurmuş. Babam da en az senin kadar yakışıklıydı. **Unutma, kızlar babaları gibi adamlara aşık olur hep...**

Kendimi tutamadım ve dudaklarından öptüm. Kısa bir öpüştü bu, sonra hemen çektim ve özür diledim. Ardından Ece beni kendisine çekip öptü. Sonra birlikte öptük... Öptük ve sonra yine öptük...

Salona döndüğümüzde ikimizi de şaşırtan bir manzarayla karşılaştık. Balkonun kapısını açık bıraktığı için kediler gelmiş ve kahvaltımızı yiyorlardı. Ben bir hışım kovmaya çalıştım kedileri. Ece'nin suratı düşmüştü.

- O kadar da hazırlamıştım yaa...

+ Ziyanı yok Ece'm. Onların kısmetiymiş.

- Peki bakalım, dediğin gibi olsun.

+ O zaman bir kahve yap da içelim.

- Olur hayatım.

O içeri kahve yapmaya gitti ben de yerdeki bardak ve tabakları topladım. Ardından salona geçip cam kenarındaki koltuğa oturdum.

Ece de kısa bir zaman sonra kahvelerimizi yapıp gülümseyerek bana doğru geldi ve karşıma oturdu.

"Hayat çok garip." dedim. Uzunca sayılabilecek bir süre yüzüme baktı ve kahvesinden bir yudum aldı.

- Her gün, aslında yeni bir gün.

+ Güneş neden doğar Ece?

- Her güneş doğduğunda yeni bir umut doğar.

Bir gün bir güneş doğdu ve Allah seni bana verdi. Yani anlayacağın...

Güneş doğmak için değil, umut vermek için doğar!

Ece çok haklıydı. Ben, ondan önceki tüm sabahlarımı hatırlıyorum da, asık suratla uyanmış, bakımsız, hatta bazı sabahlar hala sarhoş bir adamdım. Aslında en zoru da buydu. Ben her şeyden vazgeçebilirdim ama alkolden vazgeçemezdim. Camdan dışarı doğru bakarken içimden şunlar geçti:

"Başaramasam bile deneyeceğim. Hiç değilse günün birinde denemiştim diyeceğim."

Ece yine benim içimi duymuş gibi konuştu.

"Hayat kısa, her şeyi yaşayıp denemek gerekir." dedi. Ardından camdan dışarı bakarak sözlerine devam etti:

"Hayat gerçekten çok kısa..."

Kırılma

"Uyuttum yokluğunda bütün geceleri,

masallarım bir daha hiç göz açmadı sabahlara."

Ece ile aynı evde birlikte yaşamaya başlayalı birkaç hafta olmuştu. O günün çoğunluğunu işte geçirirken, ben idmanlara gitmemiştim. Bir sabah uyandığımızda kahvaltıyı hazırladım. Ece'yi ellerimle besledim. Balı, kaymağı, reçeli ve öpücüklerim...

Çayımdan bir yudum alıp boğazımı temizledikten sonra "Bugün kendimi iyi hissediyorum. İdmana gidesim var." dedim. Ece, tam ekmeğinden bir ısırık almıştı ki, dondu kaldı. Onun bu hareketini görünce hiçbir şey olmamış gibi pencereden dışarı doğru bakmaya başladım. Soğuk bir sessizlik vardı odada.

- Peki hayatım, git tabi.

+ Ben o zaman ufak ufak hazırlanayım.

Masadan kalkıp odama gittim. Sırt çantamı hazırladım. Havlu, şort, kulaklığım... Ece o esnada odanın kapısının önüne geldi. Hazırlıklarımı tamamlamama rağmen Ece beni bekliyordu.

- Ne oldu hayatım?

+ Kaybetmek yok! Tamam mı sevgilim?

- Tamam, merak etme sen.

Ayakkabılarımı giydikten sonra yanağına bir buse kondurup kapıyı kapattım. Apartmandan dışarı çıktığım anda içimde tuhaf denilebilecek türden bir his vardı. Ayaklarım gitmemek için direniyordu sanki. Ece'yi mutlu etmediği içindi bu garip haller sanırım. Üstümdeki bu karamsar bulutları dağıttıktan sonra kulaklığımı takıp yürümeye devam ettim.

Caner, spor salonuna girdiğimi görünce kafasını başka yöne doğru çevirdi. Haklıydı...

Farkında olmadan günlerdir dostumu aramamıştım. O sırada öğrencisine ders veriyordu. Köşeye oturup onları izledim. Ders bittiğinde benim aksi yönüme doğru gittiğini görünce "Caner!" diye seslendim.

Ağırlıkları yerleştirirken "Efendim?" diye cevap verdi. Sesinde kırgınlıklarını belli eden bir ton vardı.

- Gelsene, iki dakika konuşalım.

+ Peki.

Soyunma odasına doğru yürüdü. Ben de peşinden gittim. İçerideki çocuklara "Hadi beyler, bir rahat bırakın bakalım bizi." dedi. Sigarasını yaktı ve "Otur bakalım Sercan Bey!" dedi. Her zamanki gibi ayakta pis dolaplara dayanmış, bana bakıyordu.

- Bakışmaya mı geldik Sercan?

+ Hani sana bir kız var demiştim ya...

Lafımı kesti;

- Ece.

+ Evet Ece. Uzun süredir birlikte kalıyoruz. Sen şimdi ne ara denk geldiniz diyeceksin, biliyorum. Uzun hikâye. Kısaca özetleyeyim; buraya gelirken yolda düşüp bayıldım. Hastanede gözümü açtığım an karşımda Ece vardı.

- Ne diyorsun oğlum, bir şeyin mi var?

+ Bir şeyim yok, iyiyim. Ece orada doktormuş. Öyle

denk geldi ve yıldırım aşkına tutulduk. O zamandan beri de birlikte yaşıyoruz işte.

Caner sigarasından bir duman aldı.

- Peki senin bu işten para kazandığını biliyor mu?

+ Hangi işten?

- Bu siktiğimin yerinde dövüşerek para kazandığını diyorum Sercan, dalga mı geçiyorsun?

+ Yok, bilmiyor.

- İyi bok yiyorsun!

Ayağa kalkıp çantamı açtım ve çalışmamız gerektiğini söyledim.

+ Zaten bu akşam maç var, çalışmamız gerekiyor.

- Nasıl yani? Bu akşam mı?

+ Evet, bu akşam maçın var.

- Akşam saat sekizde evde olmam gerekiyordu. Ece gelecekti bugün, nöbetçi değildi. Yarın olsa olmaz mı?

+ Olmaz oğlum, dalga geçme benle. Hadi artık.

- Tamam tamam.

Tüm gün antrenman yaptık. Saatler ilerledikçe üzerimde bir gerginlik yaratıyordu. Gözüm hep telefondaydı ama ne hikmetse Ece ne aramıştı ne de mesaj atmıştı. Açıkçası ben de aramaya korkuyordum. Maç yüzünden akşam yemekte olamayacaktım. Saat akşam yedi sularında antrenmanı sonlandırdık. Caner "Yeter bu kadar, biraz soluklan." dedi ve ekledi "Hala demir gibi yumruk atıyorsun, aferin." Ardından gülmeye başladı.

Ben de güldüm fakat bu yalandan bir gülüştü. Çünkü yarım saat sonra Ece evde olacaktı ve kapıyı çaldığında açan bir Sercan olmayacaktı...

Daha fazla dayanamayıp telefonu elime aldım ve rehberden numarasını seçtim. Birkaç kez aramaya çalıştım ama arayamadım. Sonrasında da telefonun şarjı bitti. Minik bir yalan ile geçiştirebileceğimi düşündüm. Zaten elimden de başka bir şey gelmezdi.

Bu tedirgin yüz ifademi Caner de fark etmiş olacaktı ki yanıma geldi.

- Seni iyi görmüyorum. Rakibinden mi korkuyorsun yoksa?

+ Hassiktir oradan!

Kimseden korkmayan ben, aslında Ece'den korkuyordum. Yani Ece'nin gitmesinden...

Ringin tam ortasına sırt üstü uzandım. Gözlerim gibi beynimi de kapatmıştım. Artık tek isteğim saat on olsun ve şu lanet maça çıkayım. Sonra da evime, Ece'me geri döneyim...

Kısa bir süre sonra Caner yanıma gelip "Hadi başlıyoruz!" dedi. Derin bir nefes çektim ve "Tamam." dedim. Caner'in arabasıyla dövüşün yapılacağı yere doğru yola koyulduk. Geldiğimiz yer bir villanın alt katıydı. İçerisi alabildiğine kalabalık ve pis kokan bir yerdi. Etrafta birçok zengin adam ve kadınlar vardı.

Caner "Bugün özel bir müşteri olacak." dedi. Kim olduğunu sorduğumda "Doğa Bey" diye cevap verdi. Kendi odamıza çekildik...

Caner ile karşılıklı birer tabureye oturduk. Ellerime ip bağladı ve üstünden eldivenlerimi geçirdi. Normalde hemen kalkardı ama bu sefer durdu.

- Sercan, bugün çok önemli oğlum. Ne yaparsan yap onu yere düşür. Misafirlerimiz önemli kişiler.

+ Elimden geleni yaparım.

- Elinden geleni değil, senden fazlasını istiyorlar.

Sigarasını yakıp odadan çıktı.

Saat 21.45'di.

Telefonum kapalı ama zihnim açıktı.

Hem şunun da farkındaydım; eğer zihnimi kapatmazsam bu maçı kazanamazdım.

Tuvalete gidip aynada kendime baktım bir süre. Başımı sola doğru çevirdim. Ece'nin babasına hayran gözlerle baktığı çocukluğu gözümün önüne geldi.

"Kaybetmek yok!" dedi Ece'nin çocukluğu. Başımı salladım ve çıktım soyunma odasından.

- Hazırım Caner!

+ Gel benimle. Sana her zamanki gibi inanıyorum. Yapabilirsin!

- Biliyorum!

Caner salonun giriş kapısını açtığında büyük bir yuhalama sesiyle karşılaştık. Ağızlardan salyalarla birlikte çıkan küfürlerin eşliğinde ringe doğru yürüdük. Ben yürürken Ece'nin çocukluğu da sanki elimden tutuyordu. Çünkü bu zamana kadar hiç bu kadar güçlü bir rakiple dövüşmemiştim. Yuhalama sesini duymuyor aksine Ece'nin gözlerine bakıyordum.

Sonunda ringe gelmiştim. Minik Ece ellerimi bıraktı ve el salladı bana.

Artık ringdeydim...

Kulaklarımda yuhalama ve kahkaha sesleri yankılanıyordu. Üstümü çıkartıp rakibime baktım ve ona dudaklarımı okuyacak şekilde "Özür dilerim..." dedim. Şaşırdı... Benden ortalama sekiz kilo fazlalığı olan, iri yapılı bir adamdı. Dalga geçtiğimi zannedip güldü.

Ringin ortasında buluştuk. Herkes sessizleşti. Hakem standart konuşmasını yapıp geri çekildi. Yumruklarımızı çarpıştırdık.

"Boks!"

Ben dans edercesine ringin içinde salınıyordum. Birkaç yumruk denememden kurtuldu. Seri bir rakipti. Ummadığım bir anda böbreklerime sert bir yumruk yedim ve geri çekildim. Herkes şaşırdı ve sevinç çığlıkları atmaya başladı. Duyduğum acı ölüm gibi bir şeydi. Tam iki raund boyunca yumruk yedim ama benim tek derdim yüzüme darbe almamaktı. Üçüncü raunda geldiğimizde artık yüzüme de darbe alıyordum. Sol kaşıma aldığım sert darbenin ardından kaşım patladı ve mola verildi. Kendi sandalyeme oturduğumda bayılacak gibiydim. Nefes alıp verişlerim hızlanmıştı.

Caner bağırarak beni güçlendirmeye çalışıyordu.

"Dayan! Kazanmasan da olur, ayakta kal yeter."

Ayakta kalmayı değil sadece patlayan kaşımı düşünüyordum. Kendi kendime sinirlenirken, gözüm rakibime takıldı. Dalga geçer bir tonla "Özür dilerim!" dedi ve güldü.

"Boks!"

Bir anda sanki içimden bir canavar çıkmıştı. Rakibime nefes aldırmadan sadece yüzüne çalışıyordum. Kazanmak için değil öldürmek içindi yumruklarım. Kendimi öylesine kaybetmişim ki, rakibim yerdeyken beni üstünden zorla aldılar. Rakibimin çenesini ve burnunu kırmışım. Rakip köşenin koçu ringe havlu attı ve maçı ben kazandım. Büyük bir alkış tufanı koptu. Caner gelip kolumu kaldırdı. Çığlık çığlığa herkes adımı haykırıyordu.

"Sercan... Sercan... Sercan..."

O sırada kafamı ringin öbür tarafına çevirdim ve minik Ece'yi gördüm.

Asık bir suratla arkasını dönüp kalabalığın arasına karıştı.

Kazanmıştım ama kendimi berbat hissediyordum...

Eşyalarımızı toparladıktan sonra dışarı çıktık. Arabada

çıt sesi bile yoktu. Yol boyunca kaşıma tampon yaptım. Sonunda evin önüne gelmiştik. Saat gecenin üçüydü. Caner, suratı asık bir halde "Görüşürüz." dedi. Çantamı alıp eve doğru yürüdüm ağır adımlarla.

Benim için asıl maç şimdi başlıyordu...

Kapının önünde bir süre bekleyerek durumu nasıl açıklayacağımı düşündüm. Asıl işin en boktan tarafı hiçbir açıklamam yoktu. Arkadaşlarla gezdik, sahilde yürürken yere düştüm mü diyecektim? Diyemezdim elbette... Sonunda o soğuk anahtarı çantamdan çıkardım ve içeri girdim.

Sadece salondaki abajur yanıyordu. İçeride loş bir ışık vardı. Ece ile göz göze geldik. Korkmuş ve titreyen bir ses tonuyla "Sercan?" dedi.

Kısık ve mahcup bir tonla "Efendim hayatım." diye karşılık verdim.

Hemen ayağa kalktı ışığı yaktı.

Yüzüme uzun uzun baktı.

Hiçbir şey diyemedi.

Gözleri doldu ve sadece gelip sarıldı.

- Beni sensiz bırakma Sercan...

+ Seni asla bırakmam!

- Kaybettin mi?

+ Kazandım sevgilim.

- Hiç değilse bir şeylere değmiş. Otur ve beni burada bekle.

Arabasının bagajından sağlık çantasını getirdi. Pansuman yapıp kaşımı dikti. Eli gerçekten de çok hafifti.

Ellerimi tuttu...

- Sercan, bu hep böyle mi olacak?

Cevap veremedim. Suç işlemiş bir çocuk gibi dudaklarımı büzdüm ve başımı öne eğdim.

Aslında bu hareketim "evet" cevabıydı. Sonra kafamı eliyle yukarı kaldırdı ve gözlerimin içine baktı.

- O zaman kaybetmek yok, tamam mı?

Kafamı salladım.

Bir anda öpüşmeye başladık.

Bu öpüşmemiz dudak tiryakiliğinden değildi. Aşkımıza kondurduğumuz sıcak bir mühürdü.

Ve o gece ilk defa seviştik...

Artık o beni tanıyordu, ben de onu...

Geçmişimizin sayfalarını yırtmıştık...

Zamanın en saf haline bürünmüştük...

Ece benim kadınım oldu, ben ise onun kocası...

Sadece Huzur

"Ben bu hayatta zaten yarımdım,

seninle tam oldum. Sen gidersen parçalanırım;

ne yarası kalır ne izi..."

Sahilin kokusu o kadar güzeldi ki, insanda sanki tüm dünyaya barış, huzur geldiği hissini uyandırıyordu. Ben de bu güzel havada yere uzanmış gökyüzünü izlerken tek düşündüğüm şey, nasıl bu kadar huzurlu olduğumdu. Denizin sesi kulaklarıma tek bir kelime fısıldadı:

"Her medcezir Ece..."

Sonra gözlerimi kapattım...

O sırada bana doğru yaklaşan ayak sesleri duydum.

İnsan merak edip gözlerini açar bakar dimi?

Ben bakmadım...

Bu güzel anın kaybolmasını istemiyordum. Zaten bana doğru gelen bu ayakların sahibini iyi biliyordum.

O Ece'ydi...

Yanıma gelip oturdu. Ucu bucağı görünmeyen bu uzun sahilde, bir ben vardım bir Ece, bir de martılar...

Ece'nin uzanan ayaklarına başımı yasladım. Saçlarımı severken "İyi ki geldin." dedi. Ben de "Asıl sen bana geldin!" dedim. Eğildi ve öptü. Ardında da "Ellerini kaldır aşkım." dedi. Sağ elimi kaldırıp "Yani?" dedim.

- Elini bana doğru getir, salak.

+ Peki hayatım.

Yumruğumun üstündeki yaralara, dikişlerden kalan izlere baktı.

- Çok acıdı mı?

+ Acıdı ama sonra geçti.

Elimi çevirip avucumun içine baktı. Minik minik dokundu. En sonunda parmak uçlarıma geldi.

- Bu parmaklara bakınca ne görüyorsun?

+ Çizgiler görüyorum. Başka ne olacak, parmak işte. Hayatım benimle oyun oynama.

Gülümsedi ve gözlerimin içine baktı. Yavaşça yaklaşıp bir daha öptü.

- Bak Sercan, burada parmak izlerin var ve o parmak izleri senin ne kadar özel olduğunu söylüyor. Nasıl mı? Çünkü bu parmak izlerinden ne daha önce, ne şimdi, ne de daha sonra olacak. Bugüne kadar dünya üzerinde yüz elli milyara yakın insan yaşamış. Yani anlayacağın senden bir tane daha yok aşkım.

Ardından, elimin üstüne yeniden bakınca şunları söyledi:

- Hani Sercan, bir lafın var ya senin?

+ Hangisi hayatım?

- Yaralı maralı bir şeydi?

O böyle söyleyince hafiften gülümsedim, epey hoşuma gitmişti. Sonra devam ettim:

- Öyle yaralar vardır ki, kan durmaz dikiş atmak gerekir."

- Heh o işte.

+ Eee?

- Sence dikiş atınca geçti mi bu elinin üstündeki izler?

Sustum...

Belki de daha önce hiç o kadar susmamıştım...

- Aman neyse. Hadi biraz yürüyelim.

Hava gibi etrafımdaki her şey griydi. Sadece Ece güneş gibi parlıyordu. Yürürken ayakkabılarımızı çıkardık. Sahil boyunca el ele, çıplak ayaklarımıza değen denizin tuzlu sularını hissede hissede yürüdük. Ece bana, iş yerinde yaşadığı sorunlardan, Emre'nin ona yaptığı şakadan, evin elektrik faturasından, Gökhan'ın başına gelen komik anılarından bahsetti. Ben ise susmuş, sanki dudaklarım mühürlüymüş gibi onu dinliyordum.

Bir anda olduğum yerde durdum. Ece ne olduğunu sordu. Ağzımdan kelimeler dökülüverdi:

"Hayatta her şeyin izi kalır ama kimse o izlere bakarak akıllanmaz."

- Nasıl yani Sercan?.

+ Yumruğumun üstünde izlerin olduğu doğru. Fakat o kadar zamandır onlar oradalar ki, bir zamandan sonra onları görmeyi ben bile bırakmışım. Benim bir parçam oldular.

Lakin olur da bir gün, sen benim hayatımdan gidersen, ben bunu bir parçam edinemem. Aksine parçalanırım. Ben bu hayatta zaten yarımdım, seninle tam oldum.

Sen gidersen parçalanırım; ne yarası kalır ne izi...

- Ben senden hiç gider miyim?

+ Ya ölürsen?

- Eğer ölürsem bu sahili unutma. Çünkü her ne zaman bu sahile gelirsen, ben de burada olacağım...

"Sen sakın ölme sevgilim!"

Sarıldım...

Tanımadığım anneme sarılır gibi...

Doğmamış kardeşimi kucaklar gibi...

Duymadığım bir şarkıya aşık olmuşum gibi...

Yaşama tutunur gibi, sarıldım...

Huzur bu muydu?

Evet!

Huzur sendin Ece...

Kavga

"Yağmurları dinmeyen bir adamın

filizlenen bir çiçeği olabilir mi?"

İlişkimizin altıncı ayının sıradan bir pazar sabahıydı. Ece uyandığında gözlerime uzun uzun baktı ve şunu dedi:

"Ben bir çocuk istiyorum."

Ne diyeceğimi şaşırmış şekilde, sadece onun yüzüne bakıyordum. Hayatım boyunca çok yumruk yemiştim ama o an, tek bir cümleden yediğim yumruğun acısını daha önce hiç hissetmemiştim. Boşluğuma gelmişti...

Hiç ses etmeden yavaşça yataktan kalktım. Karşımda duran masada geceden kalma bira vardı. Alıp sıcak sıcak içtim. O an bir cevap vermem gerekiyordu. Ece'nin bana "Hadi, bir şey söyle!" der gibi bakan gözleri de cevabın önemini arttırıyordu. Derin bir nefes çektim. Konuşamadım.

Elbette ben de istiyordum çocuk sahibi olmayı fakat biz evli değildik.

Doğrusu evli olmayışımız bahaneydi.

Çünkü ben kısırdım...

Ve bunu Ece çok iyi biliyordu...

- Bir şey söylemeyecek misin Sercan?

Sahi, böyle bir soruya nasıl cevap verilebilirdi ki?

Yağmurları dinmeyen bir adamın filizlenen bir çiçeği olabilir mi?

+ Bilmem Ece...

- Nasıl bilmezsin?

+ Benim daha önce hiç böyle bir hayalim olmadı.

- Doktora gidelim.

+ Peki, gidelim...

Öyle bir "Gidelim mi?" demişti ki, peki demek zorunda kaldım. Mutluluktan kalkıp öyle bir sarılmıştı ki bana...

Artık bir yol vardı fakat geri dönüşü yoktu.

Onun bu mutluluğunu bozmamak için bir yola girmiştim.

Geri dönüşü olmayan bir yol...

Gidip şarkılar söyleyerek kahvaltıyı hazırladı. Pencereleri açıp havalandırdı. Şehre bakarak uzun uzun gerindi. Çayın demine tüm sevgisini kattı. Aşk dolu bir kahvaltı artık hazırdı ama ben hazır değildim.

Onun güleç yüzünün aksine ben donuk bir suratla kahvaltımı yaptım.

Sofrayı toplamadan ayağı kalkıp "Hadi, gidelim aşkım." dedi. Birkaç dakika içerisinde giyinip hazırlanmıştı. Bir pantolon giymek ne kadar sürebilir? Benim yirmi dakikamı aldı. Ardından evden çıktık.

Ece'nin çalıştığı hastaneye gidiyorduk. Yoldayken Ece, Gökhan'ı aradı. Yaptıkları tıbbi konuşmalardan hiçbir şey anlamadım. Hastaneye vardığımızda Gökhan bizi kapıda karşıladı. Hoş geldinden hallice öpüşüp sarıldık.

Ama ben, hiç hoş değildim...

Önce kan alma merkezine gidip iki tüp kan verdim. Ardından sperm vermem gerektiğini söyledi Gökhan. Kimsenin olmadığı bir odaya soktular. Kapıyı kapatmadan önce hemşire, "Sercan bey, su, sabun, tükürük yok!" dedi ve odadan çıktı. Dondum kaldım. Ben elimde tuttuğum kaba bakıyordum o da bana. Önemli olan spermlerimi kaba boşaltmak değil, bu sorumluluğu nasıl alacağımdı.

Bir süre bekledikten sonra gerekeni yaptım ve kabın kapağını kapatıp, asık suratla dışarı çıktım. Ece, gülümseyerek kabı elimden aldı.

"Bakalım neler olacak?" dedi ve hemşire arkadaşına teslim etti. Ardından evimize döndük.

Sonuçların açıklanması iki gün sürüyordu.

Bu iki gün boyunca ben bir sporcu değil, oyuncuydum resmen. Yalandan gülüyor, yalandan eğleniyordum. Göz açıp kapatıncaya kadar o gün bitti.

Yeniden hastanenin yolunu tuttuk. Ben Ece'yle bir yola çıkmıştım ama içimden hiç varmak gelmiyordu.

Hastanenin otoparkına arabayı park edip tam kapıyı açtığım sırada Ece kapıyı kapattı. Elimi sımsıkı tuttu. "Sonuç ne olursa olsun, seni seviyorum." dedi ve öptü.

Ve ben ilk defa, "Ben de seni seviyorum." diyemedim.

Ardından hastaneye girdik. Tahlillerimizle ilgilenen doktorun odasına çıktık. Osman Bey aynı zamanda Ece'nin arkadaşıydı.

Odanın içi ufak, boyasının beyazlığı yeni boya yapılmış olduğu izlemini veren temiz bir yerdi.

Bilgisayarını açıp sonuçları incelemeye başladı.

İçimden defalarca şunu sayıkladım:

Lütfen negatif ol, negatif ol, negatif ol...

O derin sessizliği Osman Bey bozdu...

- Ece.

+ Efendim Osman Bey?

- Sonuçlar pozitif.

Bunu duyduğum an benim için zaman durdu, kalbim atmadı sanki. İçimden kocaman bir "hassiktir" dedim.

Fakat Ece o kadar sevinmişti ki, ayağı kalkıp "Allah'ım, sana şükürler olsun!" dedi. Ardından bana döndü. Ben ise sadece donuk suratla ona doğru bakıyordum. Yüzümde on yaşındaki çocuğun bile anlayabileceği bir mutsuzluk ifadesi vardı.

Ama Ece anlamadı ve mutluktan ağlamaya başladı. Sevinçten kendini odadan dışarı attı.

Oturduğum koltuk mezarım olmuştu. Kısa süre nefeslendikten sonra ben de dışarı çıktım. Ece kapının önünde gözyaşlarını mendille siliyordu. Yürüyorduk ve ilk defa elimi tutmamıştı. Hastane koridorlarında önlü arkalı yürüdük.

Yerlerdeki çizgilere basmamaya çalışan küçük bir çocuk misali adımlarımız yavaş ve tedirgindi.

Hastaneden çıktık...

Arabamıza bindik...

Yol boyunca hiç konuşmadık...

Ece, eve gelir gelmez yatak odasına geçip kapıyı kapattı. Ben de peşinden gidip kapıya yaslanıp oturdum. Bir sigara yaktım ve öylece kaldım. Sevdiğim kadın kapının arkasındaydı ama ben korkumdan kapıyı dahi açamıyordum.

Kısa bir süre geçmişti. Ben onun o an için çok sinirli olduğunu düşünürken, içerden hıçkırık sesleri duyuldu.

Ece, sevdiğim kadın ağlıyordu...

Tek bir gözyaşına dahi ömrümü adayacağım kadın bardaktan boşalırcasına yağıyordu.

Ben tam bir ahmaktım...

Çünkü baştan beri mutluluktan ağladığını sanmıştım...

Oysa benim isteksizliğime ağlıyormuş. Saatlerce o kapının önünde oturdum ve Ece'nin ağlayışını dinledim...

O da benim gibi biliyordu; benden ne adam olurdu ne de baba!

Ece'yi cehenneme itemez, ateşlerde yakamazdım...

Orada uyuyup kalmışım. Sabaha karşı kapıyı açıp beni içeri çağırdı. Yatağımıza sessizce uzandık. Aramızdaki anlaşma şuydu:

Ne kadar kavga etsek de aynı yatakta yatacaktık. Birbirimize sımsıkı sarıldık ve uyuduk.

Çünkü ne olursa olsun, biz birbirimizi seviyorduk.

Kilit

"Allah da biliyor ya; olmayışın bile

en çok benimle güzel..."

İlişkimizde bir yılı geride bırakmıştık. Ece, artık dövüşlere benimle beraber geliyordu. Koluma girip beni sürükleye sürükleye eve soktuğu günler oluyordu. Yine bir gün telefonum çaldı ve arayan Caner'di.

- Efendim Caner?

+ İyi misin?

- Evet, iyiyim. Buyur?

+ Doğa Bey seninle tanışmak istiyor.

- Tamam, sen zamanı söylersin.

Telefonu kapattım. Evde tek başımaydım. Ece'ye sormaya fırsatım olmadı. Daha doğrusu soramazdım. Tamam demiş olsam da ne yapacağım hakkında en ufak fikrim yoktu.

Telefonla arayıp söylemekten çekindim. Akşama kadar eve gelmesini bekledim.

Ece eve gelmesine yakın telefonla beni aradı. Bu akşam arkadaşlarıyla gezeceğini söyledi.

O telefonu kapattı, ben aklımın şalterlerini...

Tıpkı ilk dövüşe gittiğim gün gibi bir heyecan sardı içimi. Sonunda adam gibi para kazanacaktım. Giyindikten sonra Caner'in yanına gittim. Kaskımı çıkarıp motorun üstünde bıraktım. Kapıda, daha önce görmediğim siyah takım elbiseli adamlar vardı. Umursamadan içeri girdim.

Ben, salona gidip hazırlandıktan sonra, Caner'le Doğa

Beyin yanına gideceğimizi düşünüyordum. Fakat durum düşündüğüm gibi değildi. Salona girdiğim an, kesik kesik alkış sesiyle Doğa Bey beni karşıladı.

Ağzındaki puroyu çıkarmadan konuşuyordu.

- Hoş geldin Sercan.

+ Hoş bulduk Doğa Bey.

- Gel, otur bakalım şöyle.

Caner ile göz göze geldik. Karşımdaki sandalyede başı hafif öne eğik olarak oturuyordu. Keyifsiz bir hal vardı yüzünde.

Ters giden bir şeylerin olduğu kesindi ama ben dümdüzdüm...

Doğa Bey, ağzındaki puroyu çıkarıp, yere attı.

- Dövüşmeye hazır mısın şampiyon?

Gözlerimle Caner'e doğru "Hazır mıyız?" bakışı attım.

+ Ben bilmem, Caner bilir Doğa Bey.

- İş Caner'e kaldıysa, bu iş tamamdır. Yarın dövüşeceksin o zaman.

Ben tam konuşacaktım ki, Doğa Bey eliyle işaret yaparak susturdu.

- İlk maç için otuz bin yeterli galiba.

Daha önce hayatımda otuz bini bir arada görmemiş olmamın verdiği refleks ile hemen kabul ettim. Doğa Bey ayağa kalkınca biz de ayağa kalktık. Her şey çok hızlı gelişmişti.

Doğa bey, uzun boylu, yüz altmış kilo civarında eski güreşçi bir adamdı. Kiminle dövüşmek istemezsin diye sorsalar, bu kesinlikle Doğa Bey olurdu. Elimizi sıktı. Cebinden bir puro çıkarıp yaktı ve gitti.

Ben koltuğuma oturup bir sigara tüttürdüm.

Caner son derece tok bir sesle konuşarak "O maça gitmeyeceksin!" dedi. Şaşırmıştım ve bu şaşkınlığım sesime de yansıdı. "Efendim? Anlayamadım Caner?"

Caner bir anda ayağa fırlayıp bağırmaya başladı:

"Gitmeyeceksin o siktiğimin dövüşüne! Konuşup iptal ettireceğim!"

Ben de olduğum yerden ayağa fırladım ve önümdeki masaya tekme attım.

- Hassiktir lan oradan! Bana bu hayatta kimse otuz bin vermez.

+ Kes lan sesini! O parayı sana neden veriyor biliyor musun? Senin yenileceğini biliyor da ondan! Karşına getireceği adam senin üç katın. Geri zekâlı mısın sen? Doğa'nın yıllarca pis işlerini ben yaptım. Eski polis olduğumu unuttun mu lan! Oraya seni dayak yemen için çağırıyor. Bu iş sokak dövüşlerine benzemez oğlum. Sakat bırakırlar adamı, sakat!

Ve ben, kardeşimi ellerimle veremem o haramilerin sofrasına.

85

Gitmeyeceksin!

Ben! Ömründe hiçbir lafın altında kalmayan ben, Caner'in sözlerine boyun eğmiştim.

Caner hala bağırmaya devam ediyordu. Ben de arkamdaki duvara yumruk atıp, "Ne bok yersen ye!" diye bağırdım ve dışarı çıktım.

Motoru çalıştırıp yavaşça hareket ederken Caner salondan dışarı fırladı.

"Gitmeyeceksin, duydun mu? Gitmeyeceksin!"

Umursamadan gaza basıp uzaklaştım oradan...

Yolda ilerlerken gözüm saate takıldı. Eve çabuk gitmek için daha da hızlandım. Arabaların arasından süratli bir şekilde gidiyordum. Çünkü bir an önce eve gitmek istiyordum. Aslında eve değil, Ece'ye gitmek istiyordum.

Ona sarılmak bana iyi gelecekti, biliyordum...

Eve vardığımda kapıda Ece'nin arabasını gördüm ve motoru yanına park ettim. Anahtarımı çıkardım. Eve girdim. Sadece salonun o loş ışığı yanıyordu. Bunun anlamını çok iyi biliyordum, Ece yine benimle konuşma yapacaktı. Komiklik olsun diye ayakkabımı çıkardım, kapının köşesinden kafamı uzatıp "Bebeğimmmm!" dedim.

Sessizce "Hoş geldin aşkım." diye karşılık verdi.

Bir şeylere morali bozuktu fakat tam anlam verememiştim. Hemen gidip karşısındaki koltuğa oturdum. Bir süre keyifsizliğinin sebebini anlatmasını bekledim. Ama o, sadece telefonuna bakıyordu. Daha fazla dayanamayıp sessizliği ben bozdum.

- Eceeeee.

+ Efendim?

- Hadi anlat artık.

+ Bugün eve bir kâğıt geldi. Ona canım sıkıldı.

- Ne kâğıdı?

Hastanede bir çocuğun ilacına parası yetmiyormuş. Nereye başvurdularsa yardım eden olmamış. Çaresizlikten Ece'ye bir mektup yazmışlar. Onu okuyunca çok kötü olmuş. Minik kızın çaresizliği onu derinden yaralamış. Ağlamış. Hatta çok ağlamış...

Mektubu getirmesini istedim. Ağlayarak ayağa kalkıp içerden mektubu getirdi. Bir süre okumaya korktum. Çünkü çocuklar benim hep kanayan yaramdı. Ardından titreyen ellerimle açtım. Mektup kısa ama özdü;

Merhaba Ece kızım.

Ben Çiçek'in annesiyim. Allah rızası için bize yardım et. Yirmi üç bin lira istiyorlar benden. Oysa benim o ilaçları alacak gücüm yok. Benim Çiçek'ime nereden bulup buluştururum? Hangi kapıyı çaldıysam açan olmadı. Kime gittiysem duyan olmadı. Son çarem olarak sana açtım içimi. Yaparsan sen yaparsın.

Ece kızım...

Ece annem...

Ece yavrum...

Hastaneyle konuş lütfen, bize yardım etsinler. Benim Çiçek'im ölmesin. Ömrümün çiçeği solmasın. Sana yalvarırım. İstersen evine temizlik yapmaya bile gelirim.

Ne olur beni ara kızım...

Bir anne bu kadar kısa ve bu kadar net nasıl acısını belirtebilirdi?

Hayat neden bu kadar acımasızdı?

Cevabını bulamadığım sorulara gözümden akan birkaç damla yaş da eşlik etti.

Kâğıdı katlayıp masanın üzerine koydum..

- Halledeceğim, sen üzülme...

+ Saçmala Sercan! Bizim o kadar paramız yok. Zaten hastane de karşılamaz. Off Allah'ım...

- Gün doğmadan neler doğar sevgilim. Hadi yatalım.

Ellerinden tutup yatağa getirdim.

Ardından Ece hemen uyudu. Fakat ben, bir türlü uyuyamamıştım.

Çiçeği düşüne düşüne neredeyse sabahı getirdim.

Bana dövüşmek için bir neden gerekliydi, o da minik Çiçek'ti...

Sabah uyandığımda telefonumda bilmediğim bir numaradan mesaj vardı. Mesajı açtığımda, içinde sadece konum ve adres bilgisi yazıyordu. Doğa Bey tarafından gönderilmiş bir mesaj olduğunu anladım. Çünkü dün akşam Caner'in beni göndermeyeceğini o da anlamıştı...

Evet bu sabah uyandığımda önümde bir kahvaltım, mutlu da bir hayatım vardı ama Çiçek asla solmamalıydı...

Hiçbir çocuk ilaçsız kalmamalıydı...

Sokaklarda büyümüş bir adam belki iyi bir baba olamazdı ama iyi bir abi olabilirdi...

Yatakta doğrulmuş halde otururken Ece kapının eşiğinden beni izliyordu. Ama ben farkında değildim. Sanırım her zaman yaptığı şeyi yaptı, yani beynimi okudu.

"Sen benim kocam olmasaydın en çok abim olmanı isterdim." dedi.

Olduğum yerden doğrulup ayağa kalktım ve Ece'nin belinden kavrayıp tek hamlede kucağıma aldım. Duvara yaslandık ve öpüştük. Dudaklarımız ayrıldığında, uzun süre dudağından, burnundan, yanağından, gözünden, minik minik öpücüklere boğdum.

Şımartılmaktan nefret ettiğini bildiğim halde... Zaten çok geçmeden "Off, yeter!" dedi ve kaçtı yanımdan.

Ece işe gitti.

Ben uyudum, uyandım.

Yemek yedim.

Tekrar uyudum.

Ece işten geldi.

Saat 22.00'a dayanmıştı.

Tüm gün, her saat, her dakika Çiçek'i düşündüm. Ece salonda film izliyordu. Artık gitmeye karar verdim. Çünkü o artık, hem minik Çiçek'ti hem de minik Ece.

Düşündüğüm tek şey şuydu:

Çiçek yerine Ece...

Benim yerimde Çiçek olsaydı...

Çiçek, Ece için dövüşürdü...

O çocuk aklı Ece'yi kurtarmak için her şeyi yapardı. Buna tüm kalbimle eminim. Bir anda kaskımı elime alıp evden çıktım.

Ece arkamdan "Sercan nereye?" diye bağırmaya başladı. Fakat o an tek düşündüğüm şey minik Çiçek'ti. Motora atlayıp bana verilen adrese doğru gitmeye başladım. Sarıyer taraflarında bir villanın önüne getirdi beni konum. Daha önce çok kez villalarda dövüşmüş olsam da, hiç bu kadar büyüğünü görmediğimden emindim. Kapının girişinde korumalar ve köpekler vardı.

Sırt çantamı didik didik inceleyip, üzerimi detaylı şekilde aradılar.

Beni bekleyen adamın ismi Mehmet'ti. Korumalardan

birisi beni labirent gibi koridorlardan geçirip Mehmet'in odasına götürdü. Mehmet, uzun boylu, oldukça kaslı, takım elbiseli, esmer bir adamdı.

- Sercan mı?

+ Evet.

Elimi uzattım ama o elini uzatmadı.

- Gel benimle.

Koca villanın etrafında dolandık.

Arka tarafta, saçma bir kapıdan geçtik. "Burada hazırlanabilirsin. Ne yaparsan yap, yerden kalkma!" dedi ve gitti.

Ben her maçta Caner'in olmasına o kadar çok alışmışım ki, kocaman bir oda da tek başıma oturmuş, elime ipleri sarmaya çalışıyordum.

Bir şekilde o ipleri sardım.

Sol elim, sağa göre daha gevşekti.

Ama ben çok serttim.

İçerde çok ses vardı.

Ama ben sessizdim.

Bugün bir güneş doğacaktı.

O da tek bir çiçeğe vuracaktı...

Her zamanki gibi aynanın karşısına geçtim. Küçük Ece'yle konuştum...

Kendimle konuştum...

Minik Çiçek ile konuştum...

Uzun uzun kendime baktım.

İçerde tam yarım saat bekledim.

Ve sonunda kapı açıldı.

İçeri Mehmet girdi. "Hadi bakalım, görelim seni delikanlı!" dedi. Onun peşine takılıp dövüşün yapılacağı yere doğru yürümeye başladık.

Diğer maçlara göre alışık olmadığım bir şey vardı. Ben derin bir uğultu beklerken, içerdeki tüm ses kesildi. Herkes masalarında oturuyordu. Ortada kocaman bir ring vardı. Masalarda şaraplar, viskiler, rakılar açılmıştı.

Biz dövüşmeye gelmiştik ama bu dövüş insan değil hayvan dövüşüydü sanki. Anlaşılan biz onları eğlendirmek için dövüşecektik.

Masaların arasından sessizce yürüdüm ve ringe çıktım. Sessizlik hala devam ediyordu. Kafamı kaldırdım, tam karşımdaki buranın en büyük masasında Doğa Bey, bana şampanya kaldırıp güldü. Ben de başımla selam verdim.

O sırada rakibim içeri girdi. O derin sessizlik yerini alkışlara, ıslıklara bıraktı ve birden çığlıklar yükseldi;

YENİLMEZ!

YENİLMEZ!

YENİLMEZ!

YENİLMEZ!

Herkes tek bir ağızdan bağırıyordu. Başımı ringin sağ tarafına çevirince onu gördüm. Caner haklıydı. Bu adam benim üç katımdı ve hiçbir şansım yoktu.

Doğa bey ayağa kalkıp kalabalığa seslendi.

"Bayanlar ve baylar... Size yeni dövüşçümüzü tanıştıralım. Adı Sercan. Tek hayali Yenilmez ile dövüşmekti, kıramadık. Merak etmeyin, Yenilmez fazla canını yakmayacak. Kısa bir maç olacağı için sizlerden özür dileriz."

Sözlerini pis bir kahkaha ile bitirdi.

Doğa Bey benim için bey değil, artık sadece Doğa'ydı...

O kahkaha atınca herkes kahkaha atmaya başladı. Sonra kahkahalar yerini tekrar Yenilmez iniltilerine bıraktı.

"BOKS!"

Rakibim boks sözünü duyar duymaz o kadar güçlü bir sağ kroşe vurdu ki, tam suratımın ortasına yer yemez yere düştüm. Bakışlarım kendi köşeme dönüp Caner'i aramıştı. Oysa orada tek başımdaydım. Bir güç toplayıp ayağa kalktım ve aklımdan şunu geçirdim "Özür dilerim Çiçek."

Üç round boyunca suratım tanınmayacak hale gelmişti. En sonunda kendimi koruyamadım ve bir kroşe ile yere yıkıldım. Yüzümden akan kanları ben yere düştükçe birisi gelip paspasla siliyordu. Oranın doktoru beni sandalyeye oturttu. Gözüme fener tutup "Bu kaç?" dedi. Ardından "Devam etmek istiyor musun? Eğer devam edeceksen kaşın patladığı için kesmek zorundayız. Artık gözün kapandı." dedi. Bende kesmesini istedim. Ne olursa olsun ayakta duracaktım. Gözümün üstündeki büyüyen torbayı bir jiletle kesti ve zımbaladı.

Hakem düdüğünü çaldı.

"Boks!"

İlk önce bir sağ, ardından bir sol yumruk yedim ve tekrar yere düştüm. Ağzımdan gelen kanlardan boğulacağımı düşünmeye başladım.

Kulaklarım ise sanki sağır oldu...

O an başımı kaldırdım. Ringin kenarında minik Ece duruyordu. Ama yanında bir minik kız çocuğu daha vardı. Onun Çiçek olduğu o kadar belliydi ki, ikisi beraber el ele tutuşmuş;

"Yapabilirsin!" diye bağırıyorlardı.

YAPABİLİRSİN!

YAPABİLİRSİN!

YAPABİLİRSİN!

YAPABİLİRİM...

Olduğum yerden çığlık atarak ayağa kalktım.

Bugün bir çiçek solmayacaktı...

Bugün bir anne evlatsız kalmayacaktı...

Yenilmez, bana doğru sağ yumruk salladı ve ondan kaçtım. Boğazına seri bir yumruk attım. Bu onu yere sermek için değil, adeta öldürmek içindi. Gözüm hiçbir şey görmüyor, hiçbir detay umurumda değildi.

Rakibim nefesi kesilerek yere çökmüştü. Herkes bir anda çığlık attı. Hakem bana doğru koşarken Yenilmez'in dişlerine alttan aparkat attım.

Dişlerinden çıkan kırılma sesi, insanların eğlence anlayışını bitirmişti. Artık korku çığlıkları atıyorlardı.

Ve Yenilmez yere düştü...

Ben hakemi itip dizlerimin üzerine çöktüm. Bağırdım...

Sadece bağırdım...

Avazım çıktığı kadar çığlık atıyordum.

Artık etrafımdaki herkes susmuş benim çığlıklarımı dinliyordu.

Amaçsızca bir bağırıştı ve bu beni çok rahatlatıyordu.

Hakem Yenilmez'in yanına gittiğinde antrenörü ringe havlu attı.

Ve kazanan ben olmuştum...

Etrafımda yüzlerce kişi vardı. Yüzümden akan kanlardan sebep çok az görüyordum. Hakem yanıma geldi. Bayılmadan önceki son sözlerimi ona söyledim:

"Otuz bini Ece'ye verin. O halledecek."

Gecenin yarısı beni hastaneden aradıklarında, kalbime ölümcül bir ağrı saplandı aşkım. Zaten bütün gece senin merakından kendimi kahrettim. Telefon geldiğinde hastaneye nasıl gittiğimi bilmiyorum. Her gün gittiğim yolları karıştırdım.

Ve sonunda hastaneye ulaştım.

Yoğun bakımda Caner'i gördüğümde anladım ki sen gezmeye değil dövüşmeye gitmiştin... Caner'le göz göze geldik.

Suratına bir tane tokat attım. Ardından ağlamaya başladım. Caner kafası eğik şekilde elindeki poşeti bana uzattı.

"Sen halledecekmişsin Ece." dedi.

O an Çiçek için dövüştüğünü anladım sevgilim...

Şimdi, senden mi baba olmaz?

Şimdi, sen mi sokaklarda büyüyen adamsın?

Senden öyle bir baba olur ki...

Bunu anlatmaya yirmi dokuz harf yetmez...

Seni seviyorum...

Bir Çiçek Açarken!

"Dışımdan dökemediklerimden dolmuş içim,

kupkuru bir gözyaşına

ağlayamamakmış sevmek..."

Ömrü boyunca sadece hırslarım için kavga etmiştim. Ama ilk defa bir başkası için çıktım o ringe. İşe yaradı mı yaramadı mı bilmiyordum. Tek bildiğim şey, o parayı kazanmış olmamdı.

Gözümü açar açmaz ilk ağzımdan çıkan şey "Ece" oldu. Hemen yanımdaki koltukta öylece uyuya kalmıştı. Önünde ise bir buket çiçek vardı ve çiçeğin üzerinde de bir not:

"Geçmiş olsun Yenilmez!"

Bunu gönderen Doğa'ydı.

Ben Yenilmez'i yenmiştim ama Ece'yi kaybetmiştim.

Ece'nin iki büklüm o koltukta uyuması beni mahvetmişti.

Ne olursa olsun, Ece'yi kaybetsem bile Çiçek kazanmıştı.

Aslında burada tek kazanan Çiçek'ti...

Gözlerimi kapatıp dinleniyordum ki, Caner uyanık olduğumu görüp "Kardeşim!" diye bağırdı. Ben de bir anda "Heh, iyi bok yedin!" dedim. Çünkü Ece, Caner'in "kardeşim" diye bağırışına uyanmış oldu.

Ve bir anda Ece ayağa kalkıp, "Caner bir dakika müsaade eder misin?" dedi ve onu dışarı çıkarıp kapıyı kapattı. Hızla yanıma geldi ve dudağımdan öptü.

Ağlaya ağlaya...

Dudaklarımız ayrıldığında istediğimi hallettiğini söyledi. Anladım ki, Çiçek iyi olacaktı. Fakat bir sorun vardı. Çünkü dudaklarımız ayrıldığında Ece'nin dudakları ve alnı kanlar içindeydi.

Ayna istedim. Yani istemeye çalıştım. Çünkü dudaklarım yumruk yemekten patlamıştı ve her zaman olan bir durumdu. En geç birkaç haftaya da düzelirdi.

Kendimi görme isteğim Ece'yi daha da çok ağlatmaya başladı. Bir şeylerin ters gidiyor olduğunu anladım.

"Aynayı ver!" diye bağırmak istedim. Yani denedim ama boğazımdan gelen kanla boğulabilirdim. İç organlarımdaki iç kanamayı yeni durdurmuşlardı ve ben hala kan kusuyordum.

Ece hemen ağzımı temizledi.

"Dur bebeğim, dur aşkım, sakin ol!" diyerek ne kadar beni sakinleştirmeye çalışsa da, ben hala kendimi görmek istiyordum.

O sinirle Ece'nin elini tutmak istedim. Yani ben istedim de sağ elim bunu istemedi galiba. Çünkü yerinden kalkmadı.

O an felç kaldığımı düşünmekten kendimi alıkoyamadım.

Meğer acılarımı dindirmek için tüm vücudumu uyuşturmuşlar...

Ve ben ağlamaya başladım.

"Lütfen ayna getir Ece. Yalvarırım sana, lütfen ayna getir."

Ece saçlarımı okşamaya başladı.

"Emin misin aşkım?"

Ben de sadece kafamı sallamakla yetindim. Ece yerinden kalktı. Çantasındaki makyaj aynasını çıkarıp yanıma geldi. Aynayı bana doğru tuttu. Suratım tanınamaz hale gelmişti. Yüzüm dikişler ve kanlar içindeydi. On beş saniye bile bakamamıştım ki, Ece hemen çekti aynayı.

"Yeter artık, iyi olacaksın." dedi.

Ben hıçkıra hıçkıra ağlayarak sadece iki kelime kullandım;

Özür dilerim...

Defalarca Ece'den özür diledim. O da her özür dilediğimde ellerimi, parmaklarımı, kollarımı öpüyordu.

Aradan kısa süre geçmişti ve biraz olsun sakinleşebilmiştim. Ece hemşireyi çağırdı. Bana bir ilaç yaptılar.

Son gördüğüm şey Ece ve masanın üzerinde duran çiçekteki Doğa'nın notu oldu.

GEÇMİŞ OLSUN YENİLMEZ!

Fakat ne geçecekti ne de ben yenilmez olmuştum...

Önemli bir maçta önemli bir rakibi yenmiş olsam da, aynanın karşısında suratını paramparça gördüğünde kendine yenilmiş bir adamdım.

Gökkuşağı

"Sen şimdi geçip gidiyorsun,

kuşlar buraya göçüyor sonra.

Ve aldanıyorum kanatlarındaki

yalancı yazlara."

Aradan geçen iki ayın sonunda ayağa kalkabilecek duruma geldim. Fizik tedaviler, iyileşme süreci, soluksuz ağrılı geceler bitmişti.

Yatağımdan kalktım. Hemşire hanım ve doktor elimi sıkıp dışarı çıktılar. Ben de camı açıp derin bir nefes çektim.

Sonunda iyileşmiştim...

Artık hastaneden çıkma vakti gelmişti. Açtığım camı kapatıp arkamı döndüğümde, gözleri masmavi, başında büyük şapkasıyla minik bir kız vardı. Ece ile el ele tutuşmuşlar, bana gülümseyerek bakıyorlardı.

- Kim bu güzel kız?

Ece, minik kızın elini bıraktı ve dizlerinin üzerine çöktü. Minik kızın şapkasına elini yavaşça götürdü. Ama minik kız "Hayır!" dedi.

Ece, "Sercan abin gözünü kapatsın, tamam mı?" dedi.

Bana dönünce kafamı sallayarak gözlerimi sımsıkı kapattım.

İkisinin de bana büyük bir sürprizi vardı ve ben bunu çok merak ediyordum. Ece miniğin kulağına fısıldıyordu.

"Bana güven. O senin abin. Hadi şimdi git ve Sercan abinin elinden tut. Sen elini tutunca, o da gözlerini açacak."

Sağ elimi minik ve yumuşak bir el tuttu.

Gözlerimi yavaşça açtım. Kirpiklerim titriyordu.

Ve gördüğüm anda ağlamaya başladım.

Ağlamak denemezdi buna, yağıyordum adeta...

Minicik kızımın saçları yoktu fakat kocaman bir yüreği vardı.

O minik kızın Çiçek olduğunu anlamıştım.

İnsanın mutluluktan da ağlayabileceğini fark ettirdi bana o minik...

- Merhaba Çiçek.

+ Adımı nerden biliyorsun abi?

- Ben bilirim. Abiler her şeyi bilir miniğim.

Bir hamlede kucağıma atladı. Sımsıkı kucakladı beni. Göz ucuyla Ece'ye baktığımda, onun da ağladığını fark ettim. İnsanlar beni bu konuda istediği kadar hatalı görebilirdi ama umurumda bile değildi.

Yine olsa yine yapardım...

Ece'yle birbirimize sımsıkı bağlıydık bu hayatta.

Çiçek ise bu bağa vurulan bir mühür oldu adeta...

Çiçek'i ailesine bırakıp, hastanede çalışan herkesin teker teker elini sıkıp helalleştim ve Ece'yle el ele tutuşarak hastaneden çıkış yaptık. Arabamıza bindik. Sanki hava da bizi bekliyordu. Biz biner binmez yağmur yağmaya başladı. Ece biraz dolaşmak istedi. Benim içinde iyi olacağını düşündüğümden kabul ettim.

Önce Bostancı sahile indik. Oradan da Pendik'e gittik. Hayatımda en mutlu olduğum günlerden biriydi. Kimseye haber vermeden hastaneden çıkmıştık. Yanımda Ece, iyileşmiş bir beden ve gülümseyen bir yüze sahip Çiçek vardı.

Bir insan daha ne isteyebilirdi ki...

Sahildeki dalgalara baktık, martıları, ıslanmaktan korkmayan insanları izledik. Bir yandan da arabada çalan ve kulaklarda güzel bir tat bırakan, Semiramis Pekkan'dan Bana Yalan Söylediler adlı şarkı çalıyordu.

Hayatın her fırsatta bize yalan söylediği doğruydu.

Ne kadar çabalarsanız çabalayın, siz mutlu olamayacaksınız demişti.

Fakat o ufak bir şakaydı...

Çünkü, Ece ve ben ne olursa olsun birbirimizi seviyorduk.

Hatta aşıktık...

Ece eliyle ufukta beliren gökkuşağını gösterdi.

Ufuktaki güzelliği ikimizde Çiçek'e benzettik ve gülümsedik.

- Peki, bir gün bizim de çiçeğimiz açar mı Sercan?

+ Zamanı gelince bizim de bir çiçek bahçemiz olacak aşkım.

Ve öyle bir öptüm ki Ece'yi...

Sanki ben ölecektim ve Ece beni bekleyecekmiş gibi öptüm...

Ece hiç ölmeyecek gibi öptüm...

Ben Ece'siz yapamazdım.

O benim hem annem, hem babam, hem aşkım, hem de çiçeğimdi...

Zaman

"Seni sevmek öyle güzel

ve seni özlemek bile böyle sevilir..."

Hayat, sürekli bize tokat atıyordu.

Biz de her seferinde diğer yanağımızı dönüyorduk.

Sevgimiz her zaman vardı.

Derdimiz bize kucak açıyordu.

Denedik...

Defalarca denedik...

Ne yaptıysak olmadı...

Testler yapıldı, ilaçlar içildi...

Ben artık dövüşmekten vazgeçecek hale geldim.

Hep mutluyduk...

Ama bir çocuğumuz olmadı...

Keşke geçen sene, o lanet olası arabada "Bizim de bir çiçeğimiz olur." demeseydim.

Ama demiş bulundum...

İnsanın elinden hiçbir şey gelmiyor. Her hafta doktora gidiyorsun.

Negatif diyor...

Sonra eve geliyorsunuz ve sadece susuyorsunuz.

En acısı da "Aşkım ölecek değiliz ya, bir dahaki sefere

olur elbet." demek.

Eve gidiyorum ve bu beni üzüyor. Çünkü az evvel doktorumuz yine "negatif" dedi.

Ve biz yine sustuk. Öylesine gidiyoruz.

Giderken Ece arabayı kenara çekti. Kontağı kapatıp çıktı arabadan.

Biraz bekledim, hemen çıkmadım dışarı.

Sakinleşmesinin iyi olacağını düşündüm. Çünkü Ece sinirlendiğinde ne zaman yanına gitsem hemen bana sarılıp ağlar. Bu defa ağlamasını istemiyordum. Bir sigara içip sakinleşince gidecektim yanına.

Sahil kenarına gidip bir banka oturdu.

Uzaktan onu öylece izliyordum.

Sonunda karar verip indim arabadan. Yanına doğru yürümeye başladım. Hava çok güzeldi.

İnsanlar rengârenk olsa da, bu sefer Ece siyahtı...

Ona doğru yaklaşmaya başlayınca hıçkırık seslerini duydum. Tam beş adımım kalmıştı ki; yanına geldiğimi gören Ece "Gelme Sercan!" diye bağırdı. Her zamanki gibi "Aşkım ölecek değiliz ya." Derken, "SUS SERCAN! ALLAH'INI SEVERSEN SUS!" dedi.

Ben de sustum ve olduğum yere, çimlere oturdum. İlk

defa Ece'ye bu kadar uzaktım. Beş adım ilerimde ama çok uzaktı.

Hıçkıra hıçkıra ağladı. Ben de arkasında öylece oturdum.

Aradan kısa bir süre geçmişti. Gözyaşları dinmeye başladı. Ardından bir sigara yakıp "SENİ SEVİYORUM BUNU BİLİYORSUN DEĞİL Mİ?" dedi.

Sorusunu onaylar gibi çimenlere bakarak başımı salladım.

"Gel artık, omzuna çok ihtiyacım var." dedi.

Hemen yerimden kalkıp yanına oturdum.

Bir yandan sigarasını çekip gökyüzüne bırakıyordu, diğer yandan da başını omzuma yasladı.

"Özür dilerim aşkım."

Ağzımı açamadım. Sadece denizi, uçan kuşları ve salıncakta sallanan minik çocukları izledik.

- Zaman Ece, zaman...

+ Nasıl yani zaman?

- Her şeyin bir zamanı var bebeğim. Demek ki, doğru zaman şimdi değil. Allah, herkeste olduğu gibi bize de on parmak verdi. Bak, elimiz kolumuz tutuyor ve sağlıklıyız. Defalarca denedik, yine deneriz. Kaybedecek neyimiz var ki?

Gözlerime derin bir bakış attı.

+ Gerçekten olur mu aşkım?

- Olur tabi güzel yüzlüm, olmaz mı... Neler oluyor bu

dünyada. O mu olmayacak? Allah bizim de bir gün yüzümüzü güldürecek. Bizim de bir çiçeğimiz olacak.

Sarıldı ve "Seni seviyorum..." dedi. Ardından defalarca öptü.

"Hadi, evimize gidelim." dedim ve Ece'nin elinden tutup ayağa kaldırdım. "Gel önce biraz salıncakta sallanalım." dedi. Kabul ettim ve gülümsedik. Yan yana birlikte salıncakta sallanmaya başladık.

Ece, "Ben hızlı sallanamıyorum. Beni sallasana sevgilim." dedi. Gülümseyerek "Peki küçük hanım, siz nasıl isterseniz." dedim.

Ece'nin arkasına geçip yavaş yavaş sallamaya başladım. Saçları rüzgârda dans ediyordu adeta.

Onu ittirdikçe sevinç kahkahaları atıyordu.

O kadar güzel gülüyordu ki, o güldükçe ben de gülüyordum ve her seferinde, "Hadi, daha hızlı!" diyordu. O istedikçe ben daha hızlı itiyordum...

Bir evladımız olsaydı, Ece çok güzel bir anne olurdu...

Çünkü onun içinde hem mükemmel bir anne, hem de büyümemiş bir çocuk vardı!

Seni seviyorum aşkım...

Ben de seni seviyorum hayatım!

Bu hayatta sen olmasaydın ne içimdeki çocuk yaşardı, ne de günün birinde anneliği tatmak isterdim.

Bunu çok iyi biliyorum...

Eğer sen, SEN olmasaydın, ben o çocuğu istemezdim...

Senin o güzel kalbin için ben çocuk istiyorum.

Çünkü dünyanın en iyi babası olacağından eminim.

Dünyaya bir kez daha gelecek olsam ne isterdim biliyor musun?

Ya senin karın olmak...

Ya da senin kızın...

Hiç fark etmez...

Aradan birkaç mevsim geçmişti ve Ece'nin doğum günü yaklaşmaktaydı. Artık yağmurlar dinmiş, güneş her sabah umutla doğuyordu.

Ece'nin doğum günü, benim için en özel şeydi...

Üstelik Ece, doğum günlerini çok severdi. Süslenir püslenir, ona bir sürpriz yapacağımı kesin bilirdi ve benim sürprizim belliydi! Gözlerini kapatarak onu sahile getirip, kiraladığım yat ile mükemmel bir gün yaşatacaktım. Masmavi bir gün olacaktı...

Yat kiralamak için bir süre internete baktım ama bir türlü bulamadım. Aklıma Emre geldi ve aradım.

- Emre, acil bir konu var. Yat kiralama işlerinden anlıyor musun?

+ Hayırdır Sercan?

- Ece ile özel bir program yapacağım.

+ Harika! Denizcilik işinde çevrem çoktur. Ben sana ayarlıyorum hemen.

- Eyvallah.

Kısa bir sohbetten sonra telefonu kapattım. O sırada Ece içerde hazırlanıyordu. Telefonu yerine koyacakken bilmediğim bir numara beni aradı.

Bilinmeyen numaraları açmayı sevmediğim için meşgule verdim. Bu numara bir kaç defa daha aradı ve inatla açmadım.

Ece'yle yaptığımız güzel kahvaltının ardından, onu öpücükler ile işe uğurladım.

Benim ise planım, gün içerisinde antrenman yapmaktı. Bilinmeyen numara tekrar aramaya başladı. Biraz merak, biraz da sinirle telefonu açtım. Açtığım an zaman durdu, sesim kesildi, nabzım yükseldi sanki.

Olduğum yere oturup kaldım...

Ağlamaya başladım...

Yerimden kıpırdayamadım.

Hücrelerim uyuşmuştu sanki...

Tüm bu haller içinde tam bir saat geçmişti ama bende o bir saat yoktu..

İçimden bir ses "Oğlum Ece'nin doğum günü, manyak mısın? Kendine gel!" dedi.

Yerimden sıçrayarak ayağa kalktım. Yarın Ece'nin doğum günüydü ve kafamda tüm planı kurmama rağmen daha hiçbir şey yapmamıştım.

Sonra telaşla hemen tekrar Emre'yi aradım.

–Emre, doğum günü yarın. Farkındasın değil mi?

+ Evet oğlum. Ayarladım bile ben yatı.

İçimden derin bir "ohhh" çekip kapattım.

Hiç özenmeden üzerimi giyindim, kaskımı elime aldım ve kendimi dışarı attım. Motoru çalıştırdım. Beni gizliden arayan numaranın yanına gittim. Almam gerekenleri aldım. Ardından da olmasını istediğim yere, yani kuyumcuya gittim.

Yıllardır beraber yaşıyorduk ama evli değildik.

Kendi kendime dedim ki,

"Neden evlenmiyoruz?"

Önceki doğum günleri hep aynı geçiyordu. Ben çiçek ve pasta yaptırıyordum.

Gecesinde de arkadaşlarla sohbetle geçerdi. Bu hep böyleydi.

Fakat bu sefer her şey farklı olmalıydı!

Bunu o sabah hissettim ve anladım...

Ben bunları düşünürken çoktan kuyumcuya gelmiştim bile. Motorumu park ettim ve kuyumcuya girdim. Benim kuyumcum Ali amcadır. Esaslı bir hikâyeye sahip...

Yıllar önce evlenmek istemiş ama bir şekilde evlenememiş. Sevdiği kadını da başkasına vermişler. O da adını Müjgân kuyumculuk koymuş.

Ali amcalar beni görür görmez ayağa kalktı.

- Hayırdır delikanlı? Yüzünde güller açıyor.

+ Hayırlı işler Ali amca. Yarın Ece'nin doğum günü var. Evlenme teklifi etmek istiyorum.

O da elini nazar değmesinden hallice cama vurdu.

- Hey benim aslanım be... Helal lan size! Çok sevindim canım kardeşim.

+ Eyvallah abim.

- O elindeki nedir? Kâğıtlar falan...

+ Önemli bir şey değil abi. Öylesine evraklar.

- Hımmm. Gel o zaman beraber seçelim. Olur mu?

+ Olmaz mı kral abim benim.

O masanın üstüne yüzükleri çıkarmaya başladıkça, benim gözlerim dolmaya başladı.

- Ne oldu delikanlı?

+ Abi, ben bunları hak ediyor muyum?

- Hak ediyorsun tabi eşek sıpası. Neler çektiniz, neler yaşadınız bunca sene. Seç hadi bakalım.

+ Ben ne anlarım, sen seç abi.

Bir anda gülmeye başladı Ali amca...

- Bak şimdi, ne yapalım biliyor musun?

+ Ne yapalım abi?

- Sen şimdi Ece'yi bir hayal et. Sonra da onun parmaklarını. Eline hangisi yakışacaksa onu al.

+ Peki abim.

Gözlerimi kapattığımda gördüğüm şey o kadar güzeldi ki...

Nitekim gözümü açar açmaz alacağım yüzük belliydi.

+ Bu olsun abi.

- Hay benim aslanıma bak! Güzel seçim.

Yüzüğü hemen tartıya koydu. Hesap makinesiyle bir sürü işlem yaptı ve ardından dört bin üç yüz elli lira tuttuğunu belirtti.

Tam konuşacaktım ki:

- Tabi bunun şöyle bir indirimi var. Şimdi yüzde on dükkan indirimi desek, yüzde yirmi de bunun kendi kampanyası var, eee Ece kızımız da bizim kızımız dersek şöyle oluyor. Sen bana evlilik davetiyesi getirirsen, biz bunu kendi aramızda fitleriz.

+ Abi, olur mu öyle şey?

- Olur aslanım olur. Ece de sen de neler çektiniz. Mahallemizin iki çiçeğine bırak da iyilik yapalım. Hem ben, Ece'yi Müjgânıma çok benzetiyorum. Üstelik Ece kızım da bana hastanede çok yardımcı oldu. O benim kızım, sen de oğlumsun. Konu kapanmıştır. Ayrıca kabul etmezsen, seni burada çok temiz döverim.

Güldü...

Benim ise gözlerim doldu...

"Sen öyle dersin de ben yapmaz mıyım Ali amcam" deyip, ellerini öpmek için eğildim ama izin vermedi.

- Hadi, beni de ağlatacaksın. Gel şunu güzel bir kutuya koyalım.

+ Tamam Ali amca.

Anladım ki, yıllarca mahalleliye selam vermesem de, aslında onlar bana hep selam veriyormuş.

Ali amca güzelce paketledi yüzüğü.

- Hadi bakalım evlat, işim var.

+ Peki Ali amca.

- Davetiyemi unutma bak oğlum.

+ Unutmam Ali amca merak etme

Kuyumcunun ardından tam karşısındaki çiçekçiye girdim.

- Selam olsun. Nergis var mı kardeşim?

+ Abi nergisin zamanı değil.

- Peki, o zaman güzel bir şeyler hazırla bana. Yarın evlilik teklifi edeceğim.

+ Hayırlı olsun abi, kralını yaparız.

Parasını bırakıp çıktım. Motora biner binmez Gökhan'ı ve Caner'i aradım. Neredeyse bir saate yakın telefonda konuştuk. Mutluluktan zamanın nasıl geçtiğini anlamadım. İkisinden de evlenme taktiklerini aldım. Son olarak da Emre'yle planlama yaptık.

Ve sonunda eve geldim.

Akşam sekiz sularında Ece eve geldi.

Yemek yedik, sohbet ettik, günlerimizin nasıl geçtiğini konuştuk. Ardından yatıp uyuduk.

Ertesi sabah Ece'ye güzel bir kahvaltı hazırladım. O uyanır uyanmaz, "Hangi dağda kurt öldü acaba?" diyerek şaşırdı.

- Ne var yani? Doğum günü kızına bir kahvaltı çok mu?

+ Bugün 1 Haziran mı?

- Evet bebeğim, bugün 1 Haziran ve iyi ki doğdun sevdiğim.

Ece o kadar yoğun iş temposundaydı ki, kendi doğum gününü bile unutmuştu. Hemen kucağıma atladı ve beni öpücüklere boğarken "seni seviyorum" dedi. Ardından da kahvaltıya geçtik. Güzel bir kahvaltıydı.

- Bak bebeğim, bu sefer sürpriz istemiyorum. Normalde ben hazır olurdum, biliyorsun. Ama bugünü unuttum. Hayatta hazırlanamam.

+ Bir şey diyeceğim ama kızma lütfen.

- Söyle?

+ Ben de doğum günün olduğunu telefonumdan öğrendim. Bu sabah hatırlatmalarda çaldı. Uyanırken öğrendim.

Yüzünde hafif bir üzülme ibaresi belirir gibi oldu.

- Aman ne olacak... Canın sağ olsun. Seneye güzel kutlarız aşkım.

+ Tamam aşkım, seni seviyorum. Hadi sen işine git. Bugün benim ağır bir idmanım var.

- Tamam sevgilim.

Hazırlanıp, işe gitmek üzere yola koyuldu.

Ece çıkınca hemen bizimkileri aradım.

İlk önce Emre'den yatın onayını aldım. Ardından Caner'den çocukların hazır olduğunu öğrendim. Gökhan'ı, hemşire arkadaşlarını, bizi tanıyan kim varsa aradım.

En son aklıma Çiçek geldi.

Çiçek'in ailesini arayıp davet ettiğimde, seve seve geleceklerini söylediler.

Planladığım her şey hazırdı. Artık ben de hazırdım...

Akşamın olmasını iple çekiyordum...

O gün kimse Ece'nin doğum gününü kutlamadı. Çünkü önceden Gökhan hepsini tembihlemişti.

Gökhan herkesi tek tek tembihlemişti.

Çiçeklerimi almaya gittim ve üzerine güzel bir not yazdırdım. Ardından gün içi telaş derken akşam olmuştu. Ece'yi aradım.

- Aşkım, ben seni almaya geldim.

+ Benim de moralim çok bozuk. Kimse doğum günümü hatırlamadı.

- Olsun, sahilde biraz dolaşırız. Biz bize yeteriz aşkım. Herkesin işi gücü, dertleri var. Herkes orada mı?

+ Yok. Çoğu bir saat önce çıktı. Bizim ekipten bir ben

kaldım. Hazırlanıp geliyorum hemen.

- Tamam aşkım.

İlk gözlerini kapatacaktım ama heyecanlı olması için göz bağını sakladım.

Ece yanıma geldi. Yüzü beklediğimden de asıktı. Gerçi bu kadarını bekliyordum. Çünkü Ece için doğum günü, her şeyden daha çok önemliydi. Aksilik bu ki, kimse hatırlamamıştı.

Ne de güzel bir aksilik...

Güzel bir öpücükle karşıladım onu. Ardından motora binip Fenerbahçe Marina'ya doğru sürmeye başladım.

Yoldayken "Neden buraya gidiyoruz?" dedi.

Ben de "Biraz marinada hava alalım, iyi gelir." dedim ve sahile doğru sürmeye devam ettim.

Sahile geldiğimizde kasklarımızı çıkarıp yürümeye başladık. Normalde hep el ele yürürdük. Oysa bu sefer elimi omzuna attım. O da yüzünü göğsüme yasladı. Sessizce yürüdük. Kalbim o kadar hızlı atıyordu ki, anlayacak diye çok korktum. Herkes tembihlenmişti. Biz gelene kadar tek bir ses dahi çıkmayacaktı.

Emre'nin ayarladığı teknenin önüne geldiğimizde durdum.

- Ne oldu Sercan?

+ İyi ki doğdun. Seni seviyorum. Arkana dön bakalım.

Arkasını döndüğünde, onun tanıdığı, hayatında bir parça oluşturan herkes hep bir ağızdan bağırmaya başladı.

"İyi ki doğdun Ece."

Geçirdiği ufak şokun yüzünden ellerini yüzüne götürdü ve ağlamaya başladı. Sonra da sevinçten bana sarıldı.

O hüngür hüngür ağlarken ahali alkışlamaya başladı. Ben de elini tutup "Hadi gidelim prensesim!" dedim.

Ece teker teker herkesle öpüştü. Bir yanda da ağlamaya devam ediyordu. Ben ise yatın demirlerine yaslanmış, sadece onu izliyordum.

O anki mutluluğunu anlatabilecek bir cümle, kelime darağacımda henüz yoktu.

Bense onun o akan gözyaşları için o saniye ölebilirdim.

Çiçek'in de kalabalığın arasında olduğunu sonradan fark etti. Ardından onu kucağına alıp öpmelere doyamadı ve Çiçek'in ailesiyle de selamlaştı. Kısa süreli yaşanan şokun, öpüşmelerin, ağlamaların ardından yatımız açıldı ve sofralar kuruldu.

Uzun bir masa hazırlamıştım. Masanın bir ucuna Ece, diğer ucuna da benim oturacağımı özellikle belirtmiştim. Tam olarak her şey istenildiği gibiydi. Bütün gece eğlendik.

Ve o an gelmişti...

Ayağa kalktım...

Kadehimi yukarı kaldırdım...

Kalabalığa seslendim...

Herkes sustu...

Yavaş adımlarla Ece'nin yanına gittim. Kalbim yerinden fırlayacak gibiydi. Ece, ne olduğunu anlamadığı için şaşırdı. O da ayağa kalktı.

Önünde dizlerimin üzerine çöktüm.

Bunu görünce elini ağzına götürdü. Yaşadığı şaşkınlıktan dolayı yüzünde yaprak kıpırdamıyordu. Gözleri sulanmaya başladı. Cebimden, sakladığım yüzüğü çıkardım.

Ece'nin gözlerinin içine baktım ve dedim ki:

"Bu zamana kadar tüm kahrımı çektin.

Benim hem annem, hem de babam oldun.

Sensiz bir yaşam düşünemiyorum.

Sonsuza kadar benim güzel karım olur musun?"

Sözlerim bitince o da dizlerinin üzerine çöküp bana sarıldı. Defalarca "evet" diyerek ağladı. Herkes alkışlamaya başladı. Sanki zaman durmuş gibiydi.

Ama asıl en önemli noktaya gelmemiştik.

Yanımıza Çiçek geldi.

Ece ayağa kalktı.

Çiçek, elindeki bir demet çiçeği Ece'ye uzattı.

"İlk hediyeni ben vermek istiyorum ablacım!" dedi.

O an için yaptırmış olduğum çiçeği, Çiçek versin istemiştim. Ece çiçeği aldı, kokladı ve "Teşekkür ederim güzel bal böceğim." diyerek Çiçek'i öptü. O Çiçek'i öperken, ben oradan uzaklaşmıştım. Çiçeği bir kez daha kokladıktan sonra yerine bıraktı. Notu okumadığını fark eden Çiçek, Ece'ye "Üzerindeki notu okudun mu ablacım?" diye sordu. Ece şaşkınlıkla "Aaaa! Hayır bal böceğim, neymiş?" dedikten sonra çiçeğini tekrar eline aldı. Merakla notu okudu.

Bana dönüşünü görmeniz lazımdı!

Bana öyle bir döndü ki, bakışlarındaki keskinlikten bir an için ürperdim. Gözlerinde gizlemesi imkânsız bir şaşkınlık vardı. Sevinçten gözleri nemlendi. Elleri titriyordu.

Çünkü notta şu yazıyordu:

Çift çizgi...

Dün ısrarla bilinmeyen numara ile arayan kişi doktorumuzdu. Güzel haberi Ece'den önce bana vermek istemişti.

Bir çiçek kurtarmıştım. Allah da bizim yüzümüze gülmüş, evimize, yuvamıza bir çiçek bir evlat vermişti.

Ece koşarak bana sarıldı ve dakikalarca ağladı. İnsanlar ne olduğunu anlamamıştı henüz. Herkes Çiçek'e notta ne yazdığını sordular.

Hamile olduğunu öğrendiklerinde ise ıslık sesleri ve alkışlar resmen tüm denizde yankılanmıştı.

Herkesin gözleri dolmuş, "Helal olsun!" diye bağırıyorlardı.

Ece'ye "Güzel karım." dedikten sonra ilk önce

alnından, sonra da dizlerimin üzerine çöküp karnından öptüm.

Sonunda kendimi tutamayıp ben de öylece ağladım.

Caner yanıma gelip "Kalk ulan hadi, yeter! Bugün iki güzel şey oldu. Hadi artık silin gözyaşlarınızı da eğlenelim." dedi.

O gece hayatımızın en güzel gecesiydi...

Ece karım olmuştu...

Karnında da evladım vardı...

Hayat, "Hazır mısın?" dedi.

Ben de "Hazırım!" dedim...

Mutlu Son Olur mu?

"Şimdi karıştın bana, bir ömür miktarınca

çekiyorum seni içime. Ve sonra tutuyorum

zamanı 'saymıyorum seni' dercesine..."

Aradan birkaç gün geçmesine rağmen hala o gecenin etkisi altındaydık. Artık sabahları kahvaltıları ben hazırlıyordum. Dördüncü günün sabahı, kendi kendime bir test yapmak istedim.

Eskilerin bir lafı vardı:

"Ye ekşiyi çıkar Ayşe'yi, ye tatlıyı çıkar Hakkı'yı."

Markete gidip bir kavanoz çikolata ve erik aldım. Bu sabah kahvaltısında test etmeyi kafama koymuştum. Evladım belki daha beş haftalıktı ama ben cinsiyetinin derdine düşmüştüm. Markete girer girmez herkes teker teker tebriklerini ilettiler.

Ardından kuyumcuya gidip kapısını yavaşça araladım. Dükkânın arka tarafına doğru kısık bir sesle seslendim.

"Ali amca orda mısın?"

Ali amcanın dükkânı iki katlı olduğu için yukarı kattan karşılık verdi.

- Sercan sen misin?

+ Benim Ali amca.

Her adımında şiddetli ses çıkaran terlikleriyle aşağı indi.

- Aslan parçası hoş geldin. Göremedim kaç gündür seni.

+ Ali amca bir durum var. Söylesem mi acaba?

Ali amca kötü bir şey olduğunu sanarak suratını astı.

- Hayırdır evlat, kabul etmedi mi yoksa?

Yere baktığım esnada başımı kaldırdım;

+ Çift çizgi Ali amca...

- Nasıl yani? Allah! Dede oluyorum bir de...

Hemen koşup bana sarıldı. Hayatımda babam yoktu ama ilk defa bir baba sıcaklığı hissettim.

- Eee? Nasıl yapacağız bu işi evlat?

+ Hemen nikâhı kıyacağız Ali amca ama bizim düğün yapacak yerimiz yok.

Ali baba bir süre durdu.

- Ece kızım kır düğünü sever mi?

+ Sevmez mi amca, hayali zaten.

- Benim Şarköy'de bir evim, önünde de kocaman bir arazi var. Bu iş orada olur.

+ Olur mu ki Ali amca?

- Bal gibi olur eşek sıpası.

Kendimi tutamadım ve sarıldık Ali amcayla.

Ama buraya gelmekteki asıl amacım bu değildi.

- Ali amca, şimdi Ece'nin babaannesi yaşıyor, biliyorsun.

+ Evet evlat.

- Örf ve adetlerden dolayı kızı istemek gerekir fakat bende ana baba yok. Sen gelip istesen, olur mu?

Ali amcanın gözleri doldu.

+ Sen bana babam ol dersin de, ben olmaz mıyım güzel oğlum benim.

- Eyvallah baba...

Tekrar sarıldım ve ardından dükkândan çıkıp eve doğru yürümeye başladım.

Nedendir bilmiyorum ama o an Ece'yi ilk gördüğüm yere gitmek istedim. Bostancı alt geçitten geçerken yine o mis gibi deniz kokusu yüzüme çarptı. Para verdiğim çocuk yine ordaydı. Aradan geçen yıllar onu da büyütmüştü ama gözleri... Nereden baksan hala çocuktu. Yıllar önceki gibi cebimdeki tüm parayı verdim.

Ve sonunda sahile vardım.

O gün dünyası başına yıkılmış, hayattan keyif almayan adamla, bugün evde bekleyen bir eşi ve çocuğu olan adama dönüşmüştüm.

Hayattan başka ne isteyebilirdim ki?

Bir süre sahilin temiz havasının ve güzel anıların tadını çıkarttıktan sonra eve doğru yola koyuldum.

Ece gibi tüm esnafa selam verdim. Muhtarından manavına, bakkalından kasabına baba oluyorum dedim. Sarıldık ve tokalaştık.

Eve geldiğimde ise Ece yeni uyanmak üzereydi. Hemen mutfağa gidip bir kaşık aldım ve çikolatayı açtım. Ardından da erikleri çıkarıp bir güzel yıkadım. Tabağa koyduktan sonra üzerine buz ekledim.

Bir tepsiye koydum ve Ece'nin yanına gittim.

Öylesine güzel uyuyordu ki, yatağımın karşısındaki masaya tepsiyi bırakıp saçlarını kokladım.

Sonra da öptüm...

"Hadi bebeğim uyan!" dedim, saçlarını seve seve...

Gözlerini açtı ve bana sarıldı.

- Günaydın aşkım.

+ Günaydın hayatım. Şimdi bir olaya gireceğiz seninle.

- Nasıl bir olaya giriyoruz?

+ Şimdi olayı bana bırak. Kalk bakalım.

Yatağımızın üzerinde bağdaş kurdu ve "Hadi bakalım." dedi.

Masanın üzerindeki tepsiyi alıp, Ece'nin önüne koydum. Tabi koyar koymaz ne olduğunu anladı.

"Salaksın biliyorsun değil mi?" dedi ve bastı kahkahayı. Ben de güldüm. "Kızım hadi, hangisini canın çekiyor ise söyle." dedim.

Tabi ki Ece'ye yakışır bir hareketle...

- Sercan biliyorsun ki ben peynire bal döküp yiyen biriyim. Fakat şöyle bir şey yapabilirim.

+ Nasıl bir şey?

Eriğin bir tanesini aldı, ardından da onu çikolataya batırıp önümde haşır huşur yedi. Ben de haliyle şaşkın ördek gibi öylece kalakaldım.

Öylesine pis bir gülüş attı ki, "Aman, ne halin varsa gör!"

dedim ve kalktım.

"Gel buraya salak!" derken hala gülüyordu. Ama elinden de eriği bırakmıyordu. Sonra çikolataya batırmadan ikinci eriği aldığını görünce, "Bir kızım olacak..." dedim.

O gün içime doğmuştu...

Artık benim iki kızım olacaktı.

Biri Ece, diğeri ise minik yavrum...

Ardından duşa girdim. Benimle beraber o da hazırlandı. Duştan çıkıp giyinirken:

- Ali amcayla konuştum Ece. Hafta sonu babaannene gidip isteyeceğiz seni.

+ Yok artık, saçmalama!

- Olur olur bal gibi olur.

Günler akıp gitti ve hafta sonu oldu.

Biz tüm mahallece toplanıp Ece'yi istedik.

Mahallemizin anneleri Ece'yi alıp, evde kına gecesi yaptılar.

Mahallenin abileri, amcaları, kardeşleri beni alıp bekârlık partisi için meyhaneye götürdüler.

Hatta bunun için Ece'yle kıskançlık krizlerine girip kavgalar bile ettik.

En sonunda o gün gelip çattı...

Otuz Ağustos Zafer Bayramı...

Yani düğün günümüz...

O gün benim en büyük zaferimdi. Çünkü Ece'yle sonsuzluğa imza atacaktık...

Hazırlıklar tamamdı ve Ece, düğün öncesi hazırlıkları boyunca bir kez olsun gelinliğini bana göstermedi.

Çünkü senin görmemen gerekiyordu hayatım.
Babaannem hep "Büyüsü kaçar kızım." dedi ve
beni sıkı sıkıya tembihledi.
Bana hayatımın en güzel günlerini yaşattığın
için teşekkür ederim.
Ne annemin ne de babamın yokluğunu
hissettirdin.
Ömrümde iki tane mutlu olduğum an olacak.
Biri düğün günümüz...
Diğeri ise evladımızın doğduğu an...

Bunları görsem benim için yeter.
Sonrasında ölüm gelse bile "teşekkür ederim"
sadece.
Teşekkür ederim aşkım...
Teşekkür ederim sevgilim...

Teşekkür ederim kocam...

Düğün günü bütün arkadaşlarım bana sarılıp "Bir arkadaşımız daha aramızdan ayrılıyor." diye dalga geçtiler. Pasta hazırdı. Misafirlerimiz yavaş yavaş gelmeye başlamışlardı. Önemli detaylardan biri ise Ali amca her yeri harika süsletmişti. Kendini de ihmal etmemişti, tam bir beyefendi gibiydi. Tabi Çiçek'siz olur muydu? Asla... Onu ailesiyle birlikte Caner getirecekti.

Her şey evlenmemiz için hazırdı.

Ben takımımı giymiş ayna karşısında uzun süre kendime baktım. Kendimle kısa bir iç hesaplaşma yaşadım.

"Hak ediyor musun delikanlı? Hak ediyor musun? Onu hayatın boyunca mutlu edebilecek misin? Evladına iyi bir baba olabilecek misin?"

Ve tüm soruların cevabı evete çıkıyordu.

Aynanın karşısında Ece evet demişti ve biz evlenmiştik. Darısı biraz sonra başlayacak nikâhımızaydı.

Akşam olmuş, güneş batmak üzereydi.

Her şey hazırdı...

Bal böceğimiz Çiçek ve ailesi, tüm arkadaşlarımız, Ece'nin babaannesi, hastane arkadaşları, tanıdığımız herkes oradaydı.

Benim ise en merak ettiğim şey, Ece'nin nasıl olduğuydu.

Yanıma Caner, Emre ve Gökhan geldi.

Gerginliğim yüzümden belli olmalıydı ki, beni sakinleştirmeye çalıştılar.

"Hadi oğlum, yaparsın bu işi!" gibi gaza getiren kelimelerle sırtımı sıvazladılar.

Ardından o an geldi...

Caner tıpkı maça çıkıyormuşum gibi "Hadi bakalım sıra sende!" dedi. Kapının yanına gidip başımı salladım. Hep birlikte Ece'nin odasına doğru yürümeye başladık. Sonunda Ece'nin kapısının önüne gelmiştik. Kapının açılmasını bekliyordum. Dizlerimin titrediğini fark etmemeleri için kendimi kasıyordum.

O anda kapı, yavaş yavaş aralandı.

Ece, elinde çiçeği, tam karşımda duruyordu.

Onu görür görmez ağlamaya başladım.

O kadar güzeldi ki...

Saçlarını açıp aralarına papatyalar koymuştu.

Uzun bir gelinliği vardı.

Benim ağladığımı görünce o de ağlamaya başladı.

Ben gözyaşlarımı silip elinden tuttum.

- Hadi gidelim sevgilim.

+ Makyajım akacak geri zekâlı, ağlatma bizi! Kimse beğenmeyecek beni. Fotoğraflarda da kötü çıkarsam seni gebertirim.

Hepimiz kahkahaların içinde bulduk kendimizi.

Sonra da yavaş yavaş misafirlerimize ve nikâh memuruna doğru yürüdük. Biz girer girmez büyük bir alkış koptu. Ağlayanlar, laf atanlar, bağıranlar, gülenler...

Gece muhteşem bir güzellikte ilerliyordu. Masamıza oturduk.

Nikâh memuru standart konuşmasını yaptı.

İkimizde gür bir sesle "EVET" dedik.

Ece "evet" derken ayağıma öyle bastı ki, istemsiz bir şekilde bağırdım. Herkes kahkahaya boğuldu.

Caner ayağa kalkıp "Rezil!" diye bağırarak dalga geçiyordu. Utanç ve sevinçten ne yapacağımı şaşırmıştım.

İkimiz de "Evet" dedikten sonra ayağa kalktık. Ben Ece'yi alnından ve eğilip karnından tekrar tekrar öptüm. O sırada Çiçek "Sercan abi!" diye bağırdı. Yanıma koştu. Elinde bir zarf vardı.

"Bu da benim sana düğün hediyem." dedi.

"Peki bal böceği." deyip zarfı açtım. İçinden bir yazı çıktı.

Tebrikler kocacığım, kızın oluyor...

Yazının her hecesinde bir gözyaşımı düşürdüm.

Etrafımdakiler "Sus lan, kız babası ağlar mı?" diyerek dalga geçiyorlardı. Benimle birlikte Ece de ağlıyordu.

Hiçbir şey yapamadık, birbirimize sarılmanın dışında...

Bütün gece çılgınlar gibi dans edip eğlendik.

Altın takma merasimi, fotoğraf çekimleri, kahkahalar, gözyaşları...

Hayatımın en mutlu günüydü!

Düğünümüz bittikten sonra herkes evlerine gittiler. Ali amca "Siz bugün burada kalın. Yarın dönersiniz." dedi.

O gece orada kaldık ve ertesi gün evimize döndük.

Artık Ece karımdı ve bir evladım vardı...

Mutlu son olur mu?

Olur...

Hayat
Bir
Gülümseme
Kadar
Kısa

"

Ömrüm boyunca çok şey yaşadım.
Annesiz, babasız sokaklarda büyüdüm,
Soğuk gecelerde hayallerime sarılıp ısındım.
Kavgalar ettim.
Kendimle...
İnsanlarla...
Ama yoruldum...
Duruldum...
Sakinleştim...
Çünkü hayat devam ediyordu.
Yaşamak içinse bir gülümseme yeterdi.
Ve ben, sen de gülmeyi öğrendim...
Eğer bu hayata bir defa daha gelseydim,
yine seni severdim.
Şu an ikimiz hastanede olsak da fark etmez.
Ne olursa olsun seni seviyorum karıcım...
Sen benim ömrüm boyunca karım olacaksın. Ve sana
buradan söz veriyorum:
Her ne olursa olsun, senden başka bir insana
bakmayacağım. Seni hep seven
Kocan Sercan...

"